民航运输类专业"十二五"规划教材

形体训练

张桂兰 主编

国防工业出版社

·北京·

内 容 简 介

本书分两篇，共十一章，主要以提高服务行业从业人员的体质和形体素质为主导，以改善和塑造身体形态、培养高雅气质和风度为目标，通过基础理论和实践的结合阐明形体训练的科学原理与基本姿态练习的方法、服务行业从业人员的职业形体要求、当今最为流行的形体健身与塑身项目、器械形体训练的动作介绍等。在练习方法的选择上力求简单易行，能使练习者根据自身的机能情况，有针对性地进行各种练习，科学地制定和采用适宜的运动方法，以改善身体各部位的围度比例，弥补形体的缺陷和不足，使身体各部位得到匀称协调发展。

本书可作为职业教育和应用型本科相关课程用书，也可作为服务行业从业人员，尤其是空乘人员、礼仪接待人员、饭店管理人员等的参考用书。

图书在版编目(CIP)数据

形体训练/张桂兰主编. —北京：国防工业出版社，2017.4 重印
 民航运输类专业"十二五"规划教材
 ISBN 978-7-118-06536-7

Ⅰ.①形... Ⅱ.①张... Ⅲ.①形态训练–高等学校–教材 Ⅳ.①G831.3

中国版本图书馆 CIP 数据核字(2009)第 170924 号

※

*国防工业出版社*出版发行
（北京市海淀区紫竹院南路23号　邮政编码100048）
三河市众誉天成印务有限公司印刷
新华书店经售

*

开本 787×1092　1/16　印张 10½　字数 234 千字
2017 年 4 月第 1 版第 15 次印刷　印数 65001—80000 册　定价 25.00 元

(本书如有印装错误，我社负责调换)

国防书店：(010)88540777　　　发行邮购：(010)88540776
发行传真：(010)88540755　　　发行业务：(010)88540717

空中乘务专业
规划教材建设委员会

主 任 委 员 　陈玉华

副主任委员 　（按姓氏笔画排序）

　　　　　　　邓顺川　刘小芹　关云飞　李振兴　杨　征
　　　　　　　杨涵涛　张同怀　林薇薇　洪致平　曹建林

委　　　员 　（按姓氏笔画排序）

　　　　　　　方凤玲　孔庆棠　刘连勋　刘雪花　汤　黎
　　　　　　　孙　军　何　梅　张为民　陈晓燕　武智慧
　　　　　　　季正茂　宓肖燕　赵淑桐　俞迎新　姜　兰
　　　　　　　姚虹华　倪贤祥　郭定芹　谢　苏　路　荣
　　　　　　　廖正非

《形体训练》编委会

主　编　张桂兰

副主编　蔡　莉

参　编　(按姓氏笔画排序)

　　　　　任　河　吴甜甜　庞　荣　魏扬帆

前　言

为了推动我国高职高专教育的改革和发展，完善高职教育专业人才培养规格的课程体系，根据职业技术教育的特点及要求，我们编写了这本教材。

本教材以提高大学生的体质和形体素质为主导，改善身体形态，培养高雅气质和风度为目标；从基础理论和实践的结合上阐明形体训练的科学原理，基本素质与基本姿态练习的方法，服务行业从业人员的职业形体要求，当今最为流行的形体健身与塑身项目，健美器械训练的动作介绍等。在练习方法的选择上力求简单易行，能使练习者根据自身的机能情况，有针对性地进行各种练习，科学地制定和采用适宜的运动方法，以改善身体各部位的围度比例，弥补形体的缺陷和不足，使身体各部位得到匀称协调发展，从而使体态变得优美，举止变得优雅，身材变得健美迷人。

本教材由张桂兰主编。全书共十一章，其中，张桂兰编写了第四章和第十章；任河编写了第一章和第六章；蔡莉编写了第二章的第一节至第四节和第七章；庞荣编写了第二章的第五节和第八章；吴甜甜编写了第三章和第九章；魏扬帆编写了第五章和第十一章。全书由张桂兰统稿。

本书在编写过程中，得到了长沙航空职业技术学院、武汉职业技术学院、武汉工业职业技术学院、成都航空职业技术学院、浙江育英职业技术学院的大力支持与帮助，在此，表示衷心的感谢！同时，在编写过程中还参考了许多相关教材与资料，在此向有关作者表示诚挚的谢意！

本书的示范动作由长沙航空职业技术学院航空服务专业的学生伍向丽、石佳娆、喻菁菁、罗阳子、朱鹏、孟奇、江虹霖等同学完成，在此表示衷心的感谢！

由于编写人员水平有限，难免会有不妥和错误之处，恳请广大读者批评指正。

编　者

目 录

理论篇

第一章　形体训练概述 ……………………………………………………… 1
第一节　形体训练的概念 …………………………………………………… 1
第二节　形体训练的特点 …………………………………………………… 2
第三节　形体训练的作用 …………………………………………………… 3
第四节　形体训练的基本内容和要求 ……………………………………… 3
第五节　身体肌群分类 ……………………………………………………… 5

第二章　形体美的评价 ……………………………………………………… 7
第一节　什么是形体美？ …………………………………………………… 7
第二节　形体健美的类型、条件和标准 …………………………………… 8
第三节　影响形体美的因素 ………………………………………………… 13
第四节　形体指标测量的内容与方法 ……………………………………… 14
第五节　服务类从业人员形体美的职业要求 ……………………………… 17

第三章　形体训练的保证体系 ……………………………………………… 19
第一节　形体训练的原则 …………………………………………………… 19
第二节　形体训练中常见的运动损伤及其应急处理 ……………………… 20
第三节　形体训练的自我监督 ……………………………………………… 22

第四章　健康与肥胖 ………………………………………………………… 25
第一节　健康概述 …………………………………………………………… 25
第二节　肥胖概述 …………………………………………………………… 29
第三节　运动减肥 …………………………………………………………… 31

第五章　营养与运动饮食 …………………………………………………… 39
第一节　营养学的基本概念 ………………………………………………… 39
第二节　人体所需的营养素 ………………………………………………… 40
第三节　健康运动合理营养的基本要求 …………………………………… 41
第四节　健康运动与营养膳食平衡 ………………………………………… 42
第五节　运动饮食的注意事项 ……………………………………………… 43

实践篇

第六章　基本素质练习 ……………………………………………………… 46
第一节　手臂、肩部力量与柔韧性练习 …………………………………… 47

  第二节 胸腹部力量与柔韧性练习 …………………………………… 50
  第三节 腰背部力量与柔韧性练习 …………………………………… 52
  第四节 臀部力量与胯部柔韧性练习 ………………………………… 54
  第五节 下肢力量与柔韧性练习 ……………………………………… 56

第七章 基本姿态控制练习
  第一节 站立姿态 ……………………………………………………… 61
  第二节 行走姿态 ……………………………………………………… 65
  第三节 坐姿 …………………………………………………………… 68
  第四节 蹲姿 …………………………………………………………… 70
  第五节 笑容 …………………………………………………………… 72

第八章 形体姿态练习
  第一节 扶把练习 ……………………………………………………… 75
  第二节 中间动作练习 ………………………………………………… 80
  第三节 舞蹈动作练习 ………………………………………………… 81

第九章 时尚形体训练方法
  第一节 形体瑜伽训练 ………………………………………………… 85
  第二节 形体芭蕾训练 ………………………………………………… 90
  第三节 形体健美操训练 ……………………………………………… 93
  第四节 形体拉丁舞训练 ……………………………………………… 97

第十章 器械形体训练
  第一节 器械形体训练概述 …………………………………………… 102
  第二节 器械形体训练的基本方法 …………………………………… 104

第十一章 身体发展不平衡及形态畸形的矫正方法 ……………………… 133
  第一节 "一肩高,一肩低"的矫正方法 ……………………………… 134
  第二节 "溜肩"的矫正方法 …………………………………………… 136
  第三节 "驼背"的矫正方法 …………………………………………… 138
  第四节 "鸡胸"的矫正方法 …………………………………………… 140
  第五节 "脊柱侧弯"的矫正方法 ……………………………………… 142
  第六节 O型腿的矫正方法 …………………………………………… 144
  第七节 X型腿的矫正方法 …………………………………………… 146
  第八节 Y型腿的矫正方法 …………………………………………… 147
  第九节 "扁平足"的矫正方法 ………………………………………… 149
  第十节 "大腿过粗"的矫正方法 ……………………………………… 150
  第十一节 "扁平胸"的矫正方法 ……………………………………… 152
  第十二节 "一臂粗,一臂细"的矫正方法 ………………………………… 153
  第十三节 "一腿粗,一腿细"的矫正方法 ………………………………… 154
  第十四节 "八字脚"的矫正方法 ……………………………………… 155

参考文献 ……………………………………………………………………… 158

理 论 篇

第一章 形体训练概述

学习提示

通过本章学习,了解形体训练的基本概念、项目特点和锻炼价值,掌握形体训练的基本内容和进行形体训练时的肌肉群分类。

第一节 形体训练的概念

形体,是指人在先天遗传变异和后天获得的基础上所表现出的身体形态上的相对稳定的特征,是人体结构的外在表现,是人体美的一种艺术表现形式,是包括人的表情、姿态和体型在内的人的外在形象的总和。人们在日常工作和生活中的各种姿态正确与否,直接影响着人们的工作和生活质量。随着人类文明程度的不断提高,人们对姿态的要求已不是简单的正确与否,而是上升到了对姿态美的向往和追求。所有这些,只有通过量力而行又持之以恒的形体训练及适当的营养和休息才可达到。那么,什么是形体训练呢?

形体训练分为狭义和广义两种。

狭义的形体训练被定义为形体健美训练,是以人体科学理论为基础,运用科学健身的理念和方法,通过徒手或利用各种器械,采用专门的动作方式和方法,以改变人体形态的原始状态,提高灵活性,增强可塑性为目的的形体素质基本练习。

广义的形体训练认为,只要是有形体动作的训练就可以叫做形体训练。按照这样的定义,某些服务行业的程式化动作,如迎宾、端盘、上菜、礼仪姿势等训练,也可称为形体训练。

综上所述,形体训练是一个有目的、有计划、有组织的教育过程。通过练习,不仅可以提高人们的身体素质,塑造优美的体型,培养高雅的仪态与气质,陶冶情操,还能纠正人们生活中不正确的姿态与身体发展中的某些畸形。可以说形体训练是所有运动项目的基础。

形体训练可以采用各种徒手练习，如徒手姿态操、韵律操、健美操、太极、按摩、健身跑以及各种舞蹈动作，也可以采用不同的运动器械进行各种练习，如把杆、绳、圈、带、球、肋木、哑铃、杠铃、拉力器以及其他健身器械。

形体训练的动作方式和内容是多种多样的，但基本的内容离不开基本素质训练和基本姿态训练，为了增加形体训练的趣味性，可进行健美操、舞蹈、野外健身跑等训练。形体训练简单易行、适用性强，能有效增强人们的体质，增进健康，改善人们的体型、体态，陶冶情操。

著名的美学家朱光潜先生说："人体以它生动、柔和的线条与轮廓，有力的体魄与匀称的形态，滋润、光泽、透明的色彩，成为大自然中最完美的一部分，标志着我们这个星球上最高级生命的尊严。"这段话精辟地反映了我们追求人体美的价值。

第二节 形体训练的特点

首先，健康是形体美的基础，只有健康、充满活力、朝气蓬勃的身体，才能拥有形体美、姿态美、动作美和气质美。形体训练具体有以下特点。

一、以自然性动作为基础的节奏运动

自然性动作是指按照人体自然状态下的运动规律和人体运动的自然法则所进行的动作。形体训练是以人体活动为主要形式的练习。在完成动作时，无论是上肢、下肢还是躯干动作都是根据人体运动的自然法则，从胸、腹的中线开始发力，传递到各部位来完成动作的，而且每个动作都有它的起点和终点，以及节奏和用力的分配规律。摆动、波浪和弹性动作是节奏运动的基本动作，也是形体训练的基本形式，肌肉紧张与放松是体现形体动作节奏性的关键。因此，形体训练的节奏在于内在节奏（呼吸和对音乐的理解）与外在节奏（动作大小、快慢交替、强弱）的有机统一，各种形体动作按照音乐的速度、幅度的对比和变化，形成节奏的完美统一，并充分表现出形体训练以自然性动作为基础的协调的节奏运动这一特点。

二、全面性和针对性

形体训练内容丰富、动作变化多样，各类动作的编排都是严格地按照人体的解剖部位，有目的地为达到身体匀称、均衡、协调、健美的发展而进行的。合理地选择内容，科学地进行锻炼，能全面增强人体运动系统、内脏系统和神经系统的功能，促进人体的正常发育和身体素质的全面发展。形体训练的针对性强，选择某一动作重点地锻炼身体的某一部位或专门针对某项身体素质进行练习，能进一步提高身体的全面发展水平。

三、优美性和艺术性

形体训练是在人体解剖学、运动生理学、运动心理学、运动训练学、体育美学、人体艺术造型学等学科的理论指导下进行的。其动作内容符合人体的生理和心理特点，各类动作不仅体现出优美性和艺术性，而且充分展现协调、韵律、优美等健美气质。

形体训练是追求人的身心美的艺术运动，它不仅能提高练习者的兴趣，而且能发展练

习者的想象力和表现力,培养动作的节奏感,促进身心的全面发展,同时还能使练习者在训练中达到忘我的境界。练习者根据不同的音乐节奏和风格,创编出不同风格和形式的形体动作,使形体训练更富有感染力,并得以构成完美的艺术整体。

四、内容丰富,易于普及

形体训练动作简单易学、练习形式简便,可根据不同的要求、不同的年龄、身体条件和训练水平,选择不同的练习内容和方法,有目的、有针对性地进行练习,以达到增强体质、促进健康美、塑造美的形体的目的,因而深受人们的喜爱,也易于普及推广。

第三节 形体训练的作用

一、增进健康

健康美是指在健康身体的基础上所表现出来的良好的精神状态、气质和风度,它比一般意义上理解的身体健康有更高的目标和追求,是在发展身体、增进健康的同时,强调人的机体能力的提高和整个体质的增强,以及健康的体态与身体机能和心理品质的协调统一。形体训练通过它特有的内容,不仅能全面地锻炼身体,增进健康,促进其骨骼、肌肉、内脏器官及神经系统等方面的正常发育和机能的发展,有助于形成正确的身体姿势,而且能提高柔韧、协调、灵敏、力量等身体素质,对培养良好的风度有重要作用。

二、塑造健美的形体

健美是指人体形体美,即人体外形的匀称、和谐。形体美基本上是由身高、体重和人体各部分的长度、围度及比例所决定的。通过形体训练,可以培养练习者健美的体态和风度,使练习者身体匀称、和谐、健美,使动作姿势优美,使几何轮廓清晰,从而塑造出美的形体。

三、美育教育

形体训练由于它本身具有的特点,兼具了美育教育这一特殊的作用。形体训练以它美的气质将美育寓于体育之中,使美育与体育得到完美的结合。通过形体训练,不仅有意识地美化人体,使其发育匀称,养成对姿态美、动作美、形体美的正确审美观念,而且通过对音乐的理解和运用,可陶冶情操,激发对美的追求,从而进一步提高对美的鉴赏能力。

第四节 形体训练的基本内容和要求

一、形体训练的基本内容

形体训练内容丰富、形式多样、简单易学。归纳起来,其训练内容分为徒手学习、持轻器械练习和专门器械练习三大部分。

1. 徒手练习

徒手对身体形态进行系统的专门训练,是形体动作的主要练习形式,它包括基本姿态练习、基本动作练习、基本步伐练习、身体素质练习、把杆练习,以及这些动作的组合练习。徒手练习可以单独练习,也可以集体练习;既可作为体育教学内容,又可作为舞台上的表演节目。

(1) 基本姿态练习。基本姿态是人体最基本的姿势,能反映一个人的精神面貌和体态美。基本姿态有站、坐、卧等动作。所谓"站如松,坐如钟,行如风,卧如弓",是古人对人们日常生活最基本行为举止提出的一个良好的要求。可见,姿态与日常生活息息相关,早就引起了人们的注意。人在生活中的各种动作姿态主要通过头部、躯干、上肢、下肢四个部位表现出来,优美的姿态会给人以赏心悦目的美感。由于一个人的姿态具有较强的可塑性,也具有一定的稳定性,通过一定的训练,可以改变诸多不良体态,如斜肩、含胸、松胯,行走时屈膝晃体、步伐拖沓等。

(2) 基本动作练习。基本动作是形体训练内容的核心部分,它包括手臂基本动作、躯干基本动作、腿部基本动作等。通过练习,掌握做基本动作的正确方法,使人体的肌肉得到全面发展,有效改善关节的灵活性,培养身体动作的协调性、节奏感和表现力,以及动作姿势的优美性,增强控制身体平衡的能力,促进体态美的形成。

(3) 扶把练习。扶把练习是对身体形态进行专门系统训练的一种方法,也是提高和改善身体形态控制能力的重要内容。通过训练,能增强腰腿部的力量和柔韧性,逐步形成正确的站姿、坐姿、走姿等,并可提高身体的灵活性。

2. 持轻器械练习

持轻器械练习是指手持一定器械进行有针对性的练习。它是在徒手动作的基础上,根据形体训练所要达到的目的和手持器械的性能特点,有选择地进行的一项练习。此项练习大都是对身体某一部位进行专门化的训练,例如,哑铃和橡皮带练习:它对发展上肢各部位关节的柔韧性、灵活性和完成动作时肌肉的控制能力有较强的作用;球操练习:两手持球有助于增大动作幅度,充分展体,用两脚和腿持或夹球增加了腿的负荷,同时,要求身体上下协调配合,对锻炼腰腹肌群效果较好。因此,持轻器械练习能增强身体各关节的柔韧性、灵活性和完成动作时对肌肉的控制能力,能培养正确的身体姿势,提高协调性和练习的兴趣。

3. 专门器械练习

专门器械练习是在综合器械上进行全面的身体素质及机能的训练。它是通过器械的重量、形状和性能增加对肌肉的阻力和身体动作的限制,从而使肌肉受到刺激而增长其耐受力,达到消耗脂肪,增强关节的柔韧性、灵活性和控制力的目的,有利于塑造健美匀称的体形。但这些练习需要在专业教师的指导下,按照周密详细的训练方案和培训进度有针对性地进行。

二、形体训练基本要求

(1) 训练前,必须做好准备活动。

(2) 训练时,要穿有弹性的紧身服装或宽松的休闲服,体操鞋、舞蹈鞋或健身鞋。

(3) 训练时,不能佩戴饰物,以免发生伤害事故。

(4) 训练要有计划,有步骤,循序渐进,切忌忽冷忽热、断断续续。要持之以恒,力求系统地掌握形体训练的有关知识和方法。

(5) 要保持训练场的整洁和安静。

(6) 在做器械练习时,要有专人指导和帮助,特别是使用联合器械时,要注意训练的安全。

(7) 在训练中和训练后要注意补充适当的水分,同时要注意饮食营养的合理搭配。

第五节 身体肌群分类

身体各部位肌肉分布与名称如图1—5—1和图1—5—2所示。

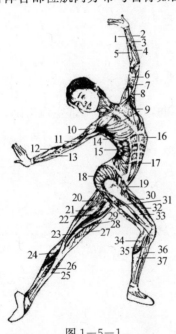

图1—5—1

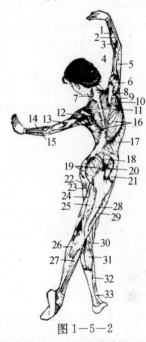

图1—5—2

1、13—屈指浅肌;2—伸指总肌;3—桡侧伸腕短肌;4—桡侧伸腕长肌;5、12—肱桡肌;6—肱二头肌;7、11—肱三头肌;8、10—三角肌;9—胸大肌;14—背阔肌;15—前锯肌;16—腹直肌;17—腹外斜肌;18—臀大肌;19—阔筋膜张肌;20、29—半腱肌;21、31—股二头肌长头;22—内收大肌;23、30—缝匠肌;24、34—腓肠肌;25、37—胫骨前肌;26—比目鱼肌;27—股内侧肌;28—股直肌;32—股外侧肌;33—股二头肌短头;35—腓骨肌;36—伸趾长肌。

1、14—伸指总肌;2、15—尺侧伸腕肌;3—桡侧伸腕长肌;4—肱二头肌;5、13—肱三头肌;6、12—三角肌;7、11—斜方肌;8、9、10—背部伸肌;16—背阔肌;17—腹外斜肌;18—臀中肌;19—臀大肌;20—臀小肌;21—阔筋膜张肌;22—半膜肌;23、24—半腱肌;25—股二头肌;26、31—腓肠肌;27—腓骨长肌;28—阔筋膜;29—股外侧肌;30—腘肌;32—比目鱼肌;33—跟腱。

1. 脖颈肌群

重点练习部位:胸锁乳突肌。

作用:可克服背颈过短,软弱无力的缺陷。纠正头部不正确的姿势。

2. 肩臂部肌群

重点练习部位:三角肌、肱二头肌。

作用：克服肩和臂部无力，防止窄肩，使肩臂部匀称协调发展。

3. 胸部肌群

重点练习部位：胸大肌。

作用：纠正平扁胸，凹肩驼背，使胸部丰满，双肩匀称。

4. 背部肌群

重点练习部位：背阔肌。

作用：发达背部肌肉，消耗肥胖者背部多余的脂肪，使背部肌肉结实而柔和。

5. 腰腹部肌群

重点练习部位：腹肌等。

作用：可消耗多余的皮下脂肪，增强腰腹肌力量。

6. 臀部肌群

重点练习部位：臀大肌。

作用：消耗多余脂肪，预防臀部下坠，使臀部线条正直、丰满。

7. 腿部肌群

重点练习部位：股四头肌。

作用：可防止腿部肌肉萎缩，使腿部肌肉结实而丰润，并能矫正腿部生理缺陷，使其保持线条优美。

学 法 指 导

（1）学习要点：形体训练概念的理解；形体训练的特点、原则，肌群分类。

（2）延伸学习：明确自身学习与锻炼的总体目标。

思考与练习

（1）形体训练有哪些特点与作用？

（2）根据身体肌群分类进行形体训练的方法有哪些？

第二章　形体美的评价

学习提示

通过本章的学习,掌握形体美的基本知识,了解男女形体美和服务行业从业人员形体美的职业标准,掌握形体测量的内容与方法,能够进行自我形体检测。

第一节　什么是形体美

形体美是人本质力量在体育运动实践这个特定领域中的感性显现,它反映的是人自身与运动的审美关系。由于形体美是以人为审美对象,以人体运动为主要手段,因此,它是人的本质力量在自身的直接展示、确证和实现。具体而言,形体美就是人的身体曲线美,是指人的躯体线条结合人的情感和品质,并通过形象、姿态展现于欣赏者眼前的一种美。形体美是由视觉器官所感知的空间性的美,其特点是感知身体外轮廓线,线的运动可以构成具有广度和厚度的空间形体。点动成线,线动成画,画动成体。

形体美有人的形体美和物的形体美之分,物的形体美纯属外表之美,而人的形体美则是外在与灵魂的契合,形体美是由内向外散发的美,真正的美是肉体与精神的结合,而精神之美则又包括了温柔、情爱、雅量、娴静、静养等因素。因此,形体美不但要展现体形美、姿态美和动作美,还要充分展现精神美。体形美是一种自然的美,比较集中地表现在比例均衡、对称、和谐等形式上。女性以柔美和秀美的曲线为美,男性以粗犷强壮和威严为美,每个人都希望自己的体形匀称、协调、健美,这也是人们不断追求的形体美的目标。姿态是指一个人在静止或活动中所表现出来的身体姿势和举止神情。姿态美是指人体在空间运动和变化的样式,优美的身体姿态与造型,就像一首诗述说着人的内心与外在世界。动作美是运动中健康能力、器官系统机能、表现能力和精神风貌的体现,是形体美的一种表现形式,它的美不仅来自于各种舞姿和体育运动,还来自于人们日常生活的动作。

英国著名哲学家培根说:"相貌的美高于色泽的美,而秀雅合适的动作美又高于相貌的美,这是美的精华。"形体美、姿态美、动作美是形体美的核心,体形的完美和正确的身体姿态可以促进人体外形的完美,这在某种程度上反映了有机体机能的完美程度,也反映一个人的精神面貌和气质。形体训练是练习者通过对形体的认知,运用科学的健身理念与方法,通过各种身体练习以增进健康、增强体质、塑造体型、培养姿态、陶冶情操,它是一个有目的、有计划、有组织的教育过程。

形体,指人身体的形态、体态,由体格、体型、姿态三个方面构成。

(1) 体格指标包括人的身高、体重、胸围等。其中,身高主要反映骨骼的生长发育状况,而体重反映骨骼、肌肉、脂肪等重量的综合变化状况,胸围则反映胸廓的大小及胸部肌肉的生长发育状况。所以,身高、体重、胸围被列为人体形态变化的三项基本指标。

(2) 体型是指身体各部分的比例,如躯干上下之间的比例,身高与肩宽的比例,胸围、腰围、臀围之间的比例等。体型主要决定于骨骼的组成与肌肉的状况。著名画家达·芬奇说过:"美感完全建立在各部分之间神圣的比例关系上。"由此可见,体型是否美,主要取决于身体各部分发展的均衡与整体的和谐统一。

(3) 姿态是指人坐、立、行等各种基本活动的姿势。人体的姿势主要通过脊柱弯曲的程度、四肢、手足以及头的部位等来体现。正确、优美的姿势不仅反映着人的形体美,还能反映出一个人的精神面貌与气质。可以说,姿态是展示人的"内在美"的一个重要窗口。

综上所述,形体美的含义是:由健美体格、完美体型、优美姿态,良好气质融汇而成,并充分展现出来的和谐的整体美。

第二节　形体健美的类型、条件和标准

一、形体健美的类型

人的体型是指人体解剖结构形成的外部特征,其实质就是人体骨骼、肌肉和脂肪等的组成比例和分布状况。由于组成比例和分布状况不同,构成了各种各样的不同体形。近年来,许多健美专家、学者从不同的角度,对男女健美体形进行了大量的研究和分类,把人体体形健美分为以下五种类型。

1. 力量型

力量型健美的特征是肌纤维特别粗壮,肌肉特别发达,线条轮廓特别明显,这是现代健美比赛中健美运动员所崇尚的体形。参加现代健美比赛和表演者,多是这种力量型的体形。这种体形主要是采用杠铃、哑铃、单项或综合训练器械练习形成的,通过做各种身体力量练习,使全身各部位的肌肉群都得到强有力的、协调的、匀称的发展。

2. 体能型

体能型健美的特征是肌肉发达、比例匀称,这是适于参加各种运动的体形。米隆《掷铁饼者》的塑像,就是这种体形的典型代表。这种体形是采用多种器械和手段练习形成的。

3. 多姿型

多姿型健美的特征是肌肉发达而不多余,身体线条多姿。现代芭蕾舞演员、艺术体操运动员、健美操运动员和健身小组成员的体形多属于多姿型。这种体形多是通过操化动作、舞蹈动作和轻器械练习形成的。这是现代女性所倾慕和追求的体形。

4. 姿态型

姿态型健美的特征是将肉体美与姿态美两者相结合。塑造这种体形，除了采用各种身体练习来调整身高、体重和体围的比例外，还要约束自己的一举一动，力求规范化，从而形成自己独特的风度和姿态。这是在现代生活中人们所追求的体形。

5. 适应型

适应型体型的特征是从自己的实际情况出发，针对性地采用身体练习，使身高、体重和体围比例更协调，充分发挥自己体形的优势，设法弥补身高的不足，塑造自己理想的体形。这是现代大众健美所追求的体形。

二、形体健美应具备的条件

体形健美是指健、力、美的有机结合。形体健美从自然美的角度来看，主要指谐调、丰满，有生机、有力量；从造型美的角度来看，应该是匀称、均衡、稳定、统一。即寓美于健，健美相融，并把体形美同仪表美、行为美、心灵美统一起来。

综汇古今中外健美专家对人体体形健美的共识，男女体形健美应具备以下10个条件。

（1）骨骼发育正常，关节不显的粗大凸出，身体各部分之间的比例适度，呈匀称感。

（2）男子肌肉均衡发达，四肢肌肉收紧时，其肌肉轮廓清晰；女子体态丰满而无肥胖臃肿感。男女皮下脂肪适度。

（3）五官端正，自然分布于面部，并与头部的比例配合协调。女子应眼大眸明，牙齿整齐，鼻子挺直，脖颈修长；男子应面部轮廓清晰分明，五官和谐，眼睛有神。

（4）双肩对称，男子应结实、挺拔、宽厚；女子应丰满圆润，双肩微呈下削，无耸肩或垂肩之感。

（5）脊柱背视成直线，侧视具有正常的生理曲线。肩胛骨无翼状隆起和上翻之感。

（6）男子胸廓宽阔厚实，胸肌隆鼓，背视腰以上躯干呈V形（胸宽腰窄），给人以健壮和魁梧感；女子乳房丰满挺拔，有弹性而不下坠，侧视有女性特有的曲线美感。男女都无含胸驼背之态。

（7）女子腰细有力，微呈圆柱形，腹部扁平，无明显脂肪堆积，具有合适的腰围，女子腰围比臀围约细1/3；男子在处于放松状态时，仍有腹肌垒块隐现。

（8）男子臀部鼓实，稍上翘；女子臀部圆满，不显下坠。

（9）男子下肢强壮，双腿矫健；女子下肢修长，线条柔和。男女小腿长而腓肠肌位置较高并稍凸出，足弓高，两腿并拢时正视和侧视均无屈曲感。

（10）整体看无粗笨、虚胖、瘦弱、纤细、歪斜、畸形、重心不稳、比例失调等形态异常现象。

综合以上10条，男子应显示肌肉发达健美、体格魁梧、比例匀称、体态端正、身手有力；女子则应突出体态丰满圆润、曲线优美、端庄秀丽、行动矫健有力的特征。上述10条是"十全十美"的人体体形。虽然，人体的骨骼、肌肉、脂肪、皮肤、五官生长得是否符合人体体形健美的条件，先天遗传因素有很大的关系，但后天人工塑造和施加的影响，在很大程度上能发展先天的优点，克服和弥补先天的不足，使其接近和达到体形健美的条件。

以下是体形健美的具体表现。

(1) 颈(图 2—2—1)。

形状:修长、线条清晰。

比例:颈长应当是脸长的 1/2,纤细度、长度与肩、上臂比例适中。

(2) 肩(图 2—2—1)。

形状:平、正、对称、不溜肩,可看到锁骨。女子肩膀圆润,可以突出其秀美的曲线。

比例:肩宽于髋,腰围小于髋部。

(3) 臂(图 2—2—2)。

① 前臂。

形状:平滑、圆润、内外有弧线。

比例:与大臂比例为中等大小。

② 上臂。

形状:平滑、收紧时能看到肱二头肌。

比例:与全身比例大小适中(与上身比较)。

图 2—2—1

图 2—2—2

(4) 胸(图 2—2—3)。

① 胸上。

形状:胸至锁骨可以看见比较明显的锁骨线,位置较高。

比例:看到突起较丰满,轮廓向外。

② 胸下。

形状:丰满、坚挺富有弹性,可以看到明显的外圆弧形。

比例:用 B 号胸罩,适中,曲线优美。

(5) 背(图 2—2—4)。

形状:平且两边呈 V 字形至腰。

比例:与腰臀相比中等大小。

(6) 腰(图 2—2—5)。

① 前。

形状:脂肪少而平坦、无下垂。

比例:腰线在肩部与大腿根部连线的中点,腰线适中,下腹无突出感。

② 侧。

形状:腰侧与下垂的臂有明显的平稳过渡,曲线呈 V 字形。

图 2-2-3

图 2-2-4

③ 后。

形状:平。窄。

(7) 臀(图 2-2-5)。

① 臀下。

形状:臀位高,臀部圆翘,球形上收,从臀下到大腿内侧圆滑。

比例:与腰、大腿相比比例适中,大腿后无脂肪堆积,宽度与肩齐或略比肩宽。

② 臀上。

形状:臀峰高且圆滑,腰向臀或大腿过度平而明显。

比例:无下垂、脂肪少、大小比例适中。

(8) 大腿(图 2-2-6)。

图 2-2-5

图 2-2-6

形状:修长而线条柔和。

比例:躯干短、腿长,重心高。腿的长度大于或等于肩部到脚底长度的 1/2。

① 前。

形状:表面平滑、有弧形、明显圆滑,向膝过度有平滑感。

② 内侧。

形状：圆滑平润，双腿并拢时有接触点，两腿分开时中间、上面有弧线。

③ 外侧。

形状：平滑、圆润、无明显肌肉块。

④ 后侧。

形状：有圆滑弧线，臀折线浅，从臀到小腿有明显过渡，可看到肱三头肌但不明显，无明显的脂肪堆积。

（9）小腿（图2-2-6）。

形状：小腿腓肠肌在小腿上1/3处，肌肉线条细、平、体积小。

（10）膝。

形状：平滑，膝盖周围无多余脂肪，大腿伸直后，膝盖无向上突出感。

比例：膝与大腿、小腿过渡平滑，无外侧突出感。

（11）踝、足。

形状：踝细、足弓高。

比例：呈漏斗状，形态美观。

三、形体健美的标准

体形美是人体健美的主要内容之一，体形的健美在很大程度上又取决于身体各部位体围的尺寸和相互间的比例。身高和体重的对应关系不但反映一个人形体美的程度，同时也反映一个人的健康程度。身高主要反映骨骼的生长发育情况；体重反映骨骼、肌肉、脂肪等综合变化的状况；胸围则反映胸廓的大小及胸部肌肉的发育状况。因此，身高、体重、胸围被列为人体形体变化的三项基本指标。

（一）普通成年男子体形健美标准

普通成年男子健美体围标准见表2-2-1。

表2-2-1 普通成年男子体形健美标准

身高/厘米	体重/千克	胸围		上臂屈	颈围	小腿围	大腿围	腰围
		常态	深吸气					
		/厘米		/厘米		/厘米	/厘米	/厘米
153～155	50	94	97	32		48	65	
155～157	52	94	98	32		49	65	
157～160	54	95	99	33		50	66	
160～163	56	97	101	33		51	66	
163～166	58	98	102	34		51	68	
166～169	61	99	103	34		52	69	
169～171	63	100	104	35		52	69	
171～174	65	100	105	36		53	70	
174～176	67	102	107	36		54	71	
176～180	70	103	108	36		55	72	
180～182	72	103	109	36		55	73	
182～184	75	104	110	37		56	74	

(二）普通成年女子体形健美标准

女子体形的健美主要在于三围，即胸围、腰围和臀围。丰满而挺拔的胸部是构成女性曲线美的主要标志之一。乳房应丰满而富有弹性，并应有适度发达的胸肌作为依托，从而构成胸部优美的曲线。过分肥大松弛或过分干瘦的乳房都将影响女性的体形健美。坚实平坦的腹部和稍微纤细、苗条的腰部是女性曲线美的又一标志。腰腹周围过多地堆积着皮下脂肪，无疑会使人显得臃肿难看。丰满而适中的臀部能构成女子形体又一优美曲线。臀部过分肥大同样会显得臃肿，有损于体形健美；而过于瘦小的臀部则表现不出体形的曲线。修长而有力的四肢也是女子形体美不可缺少的一部分。腿部应略长于躯干，这样可使身体显得修长而苗条；腿部既不能粗胖，也不能瘦长，而应有结实的肌肉，这样才能显出腿部优美的曲线。因此，健美的体形首要的是各部位比例匀称协调，按照分类当然还应以"多姿型"为佳。

普通成年女子健美体围标准见表2—2—2。

表2—2—2 普通成年女子体形健美标准

身高/厘米	体重/千克	吸气后胸围/厘米	腰围/厘米	臀围/厘米
154～155	47.5	88	58	88
155～158	48.5	88	58	88
158～160	50	89	59	89
161～163	51.5	89	59	89
163～166	53	90	60	90
166～169	54.5	90	60	90
169～171	56	92	61	92
171～174	58	92	61	92
174～176	60	94	64	94
176～180	61.5	98	66	96

第三节 影响形体美的因素

一、身高和体重

人的体型美，主要取决于身高与体重的比例是否协调。一般而言，身高较多地依赖于遗传，而体重以及受体重制约的胸围、腰围、臀围等则受后天的影响较大。因此，塑造体型美，就必须遵循人体生长发育的规律，在遗传因素所允许的范围内，根据自身的条件，通过控制肌肉和脂肪这两个可变的因素，消除多余脂肪，增长肌肉，从而使身体协调、匀称。

二、姿态美

姿态美与体型美关系密切。在日常生活中，体型美需要通过优美的姿态来展现。例如，躯干正直的人与腰部松垮的人自由站立时给人的观感就有明显差异。前者由于良好的姿态可以充分表现体型美,而后者由于腰部塌下、腹部挺出、肌肉松弛,只会给人体型不美的感觉。

形成姿态美,脊柱是关键,因此,应特别注意脊柱形态的形成,培养正确的坐、立、行的基本姿势。

形成姿态美,还必须通过严格的形体训练,建立正确姿势的动力定型并矫正不良的、错误的姿势。

三、动作美

动作美是形体美的一种表现形式,动作美之中蕴含着姿态美。姿态有动有静,如坐、立、卧、蹲表现出静态时的姿势,而走、跑、跳等就表现出动态时的姿势。无论是静态还是动态,都要在完成动作时轻松、协调、准确、敏捷、高效率,这样才能显示出动作美。

四、气质美

气质,是人的高级神经活动类型特点在行为方式上的表现。在日常生活中,通常指人的典型而稳定的个性特点、风格和气度。由此可见,气质美似虚非虚,看似无形,实则有形,反映在一个人对待现实生活的态度、个性、自我调整能力和言行特征等方面。它既可能展示出人的端庄、典雅,也可能表现出人的猥琐和俗气。正由于气质美是内在美自然、真实的流露,所以它可以使体型美、姿态美、动作美达到更高的境界,使人具有永久的魅力。

气质的形成,虽与人的体质、神经类型、遗传等生理特征有关,但最终要受后天的环境(自然环境、社会环境)、家庭条件、文化教育、自身修养的影响。因此,只有在加强形体训练,提高体型美、姿态美、动作美的同时,全面提高自己的文化素养、道德修养、美学素养,才能具有气质美。

五、营养

营养是影响形体美的重要因素。美的形体是通过训练得到的,没有科学合理的营养,就不能保证人的正常生长发育。训练后,不能及时地补充营养,也就无法弥补由于训练所造成的能量损耗,形体训练的效果也就无从谈起。只有保证科学合理地营养补充,才有可能获得美的形体。

第四节 形体指标测量的内容与方法

一、形态美

(1) 标准体重(千克)。

男性标准体重(千克)=[身高(厘米)−100]×0.9

女性标准体重(千克)=[身高(厘米)−105]×0.95

肥胖度(%)=(实际体重−标准体重)÷标准体重×100%

肥胖度在±10%范围内为正常,在10.1%~20%为过重,超过20.1%则为中度肥胖。

为了促进学生体质健康发展，激励学生积极进行身体锻炼，教育部、国家体育总局于2002年7月4日颁发了《国家学生体质健康标准(试行方案)》，对大学生身高标准体重等级评分做了一个统一的规定，见表2-4-1和表2-4-2。

表2-4-1　大学男生身高标准体重评分表

身高段/厘米	营养不良 50分	较低体重 60分	正常体重 100分	超重 60分	肥胖 50分
165.0～165.9	49.8	49.90～56.4	56.50～64.1	64.20～66.6	66.7
166.0～166.9	50.3	50.40～56.9	57.00～64.6	64.70～67.0	67.1
167.0～167.9	50.7	50.80～57.3	57.40～65.0	65.10～67.5	67.6
168.0～168.9	51.0	51.10～57.7	57.80～65.5	65.60～68.1	68.2
169.0～169.9	51.5	51.60～58.2	58.30～66.0	66.10～68.6	68.7
170.0～170.9	52.0	52.10～58.7	58.80～66.5	66.60～69.1	69.2
171.0～171.9	52.4	52.50～59.2	59.30～67.2	67.30～69.8	69.9
172.0～172.9	52.9	53.00～59.9	59.90～67.8	67.90～70.4	70.5
173.0～173.9	53.4	53.50～60.3	60.40～68.4	68.50～71.1	71.2
174.0～174.9	53.7	53.80～61.0	61.10～69.3	69.40～72.0	72.1
175.0～175.9	54.4	54.50～61.5	61.60～69.9	70.00～72.7	72.8
176.0～176.9	55.2	55.30～62.2	62.30～70.9	71.00～73.8	73.9
177.0～177.9	55.7	55.80～62.7	62.80～71.6	71.70～74.5	74.6
178.0～178.9	56.1	56.20～63.3	63.40～72.3	72.40～75.3	75.4
179.0～179.9	56.6	56.70～63.8	63.90～72.8	72.90～75.8	75.9
180.0～180.9	57.0	57.10～64.3	64.40～73.5	73.60～76.5	76.6
181.0～181.9	57.6	57.70～64.9	65.00～74.2	74.30～77.3	77.4
182.0～182.9	58.1	58.20～65.6	65.70～74.9	75.00～77.8	77.9
183.0～183.9	58.7	58.80～66.2	66.30～75.7	75.80～78.8	78.9
184.0～184.9	59.2	59.30～66.8	66.90～76.3	76.40～79.4	79.5

表2-4-2　大学女生身高标准体重评分表

身高段/厘米	营养不良 50分	较低体重 60分	正常体重 100分	超重 60分	肥胖 50分
155.0～155.9	42.2	42.30～49.1	49.20～59.1	59.20～62.4	62.5
156.0～156.9	42.8	42.90～49.7	49.80～59.7	59.80～63.0	63.1
157.0～157.9	43.4	43.50～50.3	50.40～60.4	60.50～63.6	63.7
158.0～158.9	43.9	44.00～50.8	50.90～61.2	61.30～64.5	64.6
159.0～159.9	44.4	44.50～51.4	51.50～61.7	61.80～65.1	65.2
160.0～160.9	44.9	45.00～52.1	52.20～62.3	62.40～65.6	65.7
161.0～161.9	45.3	45.40～52.5	52.60～62.8	62.90～66.2	66.3
162.0～162.9	45.8	45.90～53.1	53.20～63.4	63.50～66.8	66.9

(续)

身高段/厘米	营养不良 50分	较低体重 60分	正常体重 100分	超 重 60分	肥胖 50分
163.0～163.9	46.3	46.40～53.6	53.70～63.9	64.00～67.3	67.4
164.0～164.9	46.7	46.80～54.2	54.30～64.5	64.60～67.9	68.0
165.0～165.9	47.3	47.40～54.8	54.90～65.0	65.10～68.3	68.4
166.0～166.9	47.9	48.00～55.4	55.50～65.5	65.60～68.9	69.0
167.0～167.9	48.4	48.50～56.0	56.10～66.2	66.30～69.5	69.6
168.0～168.9	48.9	49.00～56.4	56.50～66.7	66.80～70.1	70.2
169.0～169.9	49.3	49.40～56.8	56.90～67.3	67.40～70.7	70.8
170.0～170.9	49.8	49.90～57.3	57.40～67.9	68.00～71.4	71.5
171.0～171.9	50.2	50.20～57.8	57.90～68.5	68.60～72.1	72.2
172.0～172.9	50.6	50.70～58.4	58.50～69.1	69.20～72.7	72.8
173.0～173.9	50.9	51.00～58.8	58.90～69.6	69.70～73.1	73.2
174.0～174.9	51.2	51.30～59.3	59.40～70.2	70.30～73.6	73.7
175.0～175.9	51.8	51.90～59.9	60.00～70.8	70.90～74.4	74.5

(2) 男子以股骨大转子为中心,上下身长相等;女子以肚脐为界,上下身比例为5∶8。

(3) 男女两臂侧举时的长度等于身高。

(4) 男女两肩的宽度约等于1/4身高。

(5) 男女大腿长等于1/4身高(女子两腿长度加上足高应大于1/2身高)。

(6) 男子胸围约等于1/2身高加5厘米;女子胸围不小于1/2身高。

(7) 男子腰围约小于胸围18厘米;女子腰围不大于1/2身高。

(8) 男子臀围等于胸围;女子臀围约大于胸围2厘米～3厘米。

(9) 男子大腿围约小于胸围22厘米;女子大腿围约小于腰围8厘米～10厘米。

(10) 男子小腿围约小于大腿围18厘米;女子小腿围约小于大腿围18厘米～20厘米。

(11) 男子脚腕围约小于小腿围12厘米;上臂围约等于1/2大腿围;前臂围约小于上臂围5厘米;颈围等于小腿围。

二、姿态美

(1) 立姿:挺拔、亭亭玉立。要求两腿直立并拢,双肩平而放松,两臂自然下垂,挺胸收腹、夹臂、立腰、立背、立颈,下颌微收,双目平视。

(2) 坐姿:端庄优美,温文尔雅,女子两膝并拢,男子双膝可稍分开,略窄于肩宽。要求腰背挺直、肩放松、挺胸,脊柱与臀部成一直线,微收下颌,两眼平视前方。

(3) 走姿:自然稳健,风度翩翩,以标准立姿为基础。走时头与躯干成一直线,目视前方,步位正确,步度基本一致,双臂自然摆动,重心平稳。

三、气质美

男性的气质美主要表现为阳刚气概——壮美,它的主要特征为:刚毅、顽强,善于自制;勇敢沉着,当机立断;胸襟开阔,豁达大度;粗犷豪放,待人诚恳;目光远大,勇于进取。

女性的气质美主要表现为阴柔之美,它的主要特征为:优雅娴静、温和、柔顺、体贴、细腻、深情、宽容、纯真、善良等。而聪慧、机智将越来越成为男女共有的气质美的核心。

第五节　服务类从业人员形体美的职业要求

作为服务行业的窗口,服务从业人员的行为举止直接影响着顾客对服务质量的评价,进而影响到行业的发展和企业的经营。因此,一个优秀的服务从业人员除应具备良好的业务素质、服务意识和服务态度外,也应当具备优美的形体仪态。每个服务行业对于本行业从业人员的形体仪态要求不尽相同。

一、空中乘务从业人员形体美的职业要求

1. 形象素质

人们将一个人与另一个人的第一次见面时留下的印象叫"首因效应",又称"第一印象"。空乘人员的形象素质代表着国家、民族以及航空公司的形象,作为航空公司的代言人,好的形象素质将会给公司带来更好的效益。

2. 身体素质

受工作环境的影响,空乘人员需要长期进行高空作业,对身体素质的要求非常高。因此,作为一名空中乘务员,应当坚持锻炼身体,提高身体机能,才能在工作中更好地为旅客提供优质的服务。

3. 技能素质

空乘人员应当具有良好的民航空乘服务技能与技巧,注重体现服务的质量性、规范性、针对性和安全性的特点,更好地为乘客提供优质的服务。

4. 自身修养

空乘人员首先应注意仪表的整洁、端庄,其次应当讲礼貌,举止稳重、行为文雅,最后应谈吐风趣、有分寸。

5. 空乘人员面试的形体标准

空乘人员应五官端正;肤色好,着夏装时暴露部位无明显疤痕和色素异常;形体匀称;下肢超过上身长2厘米以上;不是O型或X型腿;男生身高为175厘米~182厘米;女生身高为162厘米~172厘米;具有较好的语言表达能力;口齿清晰、嗓音圆润,声音不干、不涩、不哑、不弱等。

二、其他服务类从业人员形体美的职业要求

由于在服务过程中服务人员是客户直接的审美对象,这就要求服务类从业人员在自己的工作中,从里到外都按美的标准要求自己,全力塑造自己的独特形象,充分展示其职业风采,满足客户的审美需要。其形体美的职业要求如下。

(1) 注重形体、服饰、发型、化妆,给客户以美的形象。

服务类从业人员应具有健美的形体,爱美之心人皆有之,具有形体美的人在工作中一亮象,常常能引起人们的关注。服饰美与发型、化妆也是外在形象美的重要组成要素,它可以反映出一个人的品位和审美情趣,也能在一定程度上弥补形体美的不足。

(2) 注意行走坐卧,言谈举止,给客人以美的示范。

在为客户服务时,大部分时间都是在运动中度过,因此步态很重要,步态的动作性强,比站姿和坐姿更难把握,同时也更具审美价值,要用自己的言行为客户做出文明优雅的示范。

(3) 以善良和真诚对待每一位客户,给他们以美的感受。

如果服务类人员有了健美靓丽的形体、文明优雅的行为和真诚善良的心灵,自然会为客户展示良好的企业形象。美的使者的独特形象的展示,既满足了客户的审美需要,又为服务人员各项工作的开展奠定了良好的基础。

学 法 指 导

(1) 学习要点:通过对形体美基本知识的掌握,了解自身的形体基础,掌握服务行业人员形体美的职业要求。

(2) 延伸学习:通过学习形体美标准的对照表及测量方法和服务行业从业人员形体美的职业要求,测试自身形体是否符合标准,根据结果进行适宜的形体训练。

思考与练习

(1) 怎样理解形体美?
(2) 形体美的基本要素是什么?
(3) 根据所学内容计算自己的标准体重,对照实际体重设计形体训练处方。
(4) 怎样让自己符合服务从业人员形体的审美要求。

第三章　形体训练的保证体系

学习提示

　　肌肉是塑造美的体型的主要因素。通过形体训练,可以使人体更多的肌肉参加活动,使肌肉周围的微细血管增加,促进肌肉所需要的营养供应和新陈代谢活动,从而为全面发展人体的肌肉系统,塑造线条明显的健美体型打下基础。但是,没有科学的训练方法是不能达到理想效果的。因此在形体训练的各项练习中,应掌握一定的训练原则和要求,掌握造成运动损伤的原因和紧急处理手段,学会在训练中自我监督的方法。

第一节　形体训练的原则

一、全面性原则

1. 全面性原则的含义

全面性原则是指形体训练中要采用各种手段和方法,使身体各部分的各种机能、各种能力都得到全面协调的发展。

2. 全面性原则的要求

(1) 要正确认识全面性原则在形体训练中的重要意义,认识局部和整体的关系,并贯彻到形体训练的全部过程中。

(2) 要使身体各部位的肌肉都得到全面发展,必须在训练中注意上下肢体的练习、躯干部位的练习以及各自形体中不足部位的练习。

(3) 要运用多种方法、内容和手段,使身体各部位都得到发展。每一种练习,对身体的作用都有一定的局限性,而内容、手段的多样化,既可以保证身体训练的全面性,又可以提高练习者的兴趣和积极性。

二、从实际出发原则

1. 从实际出发原则的含义

从实际出发原则,是指形体训练中从自身的身体条件和客观外界实际出发,科学地选择练习的内容、方法及练习的负荷,从而使形体训练更符合自己的实际情况,这样才能收到良好的效果。

2. 从实际出发原则的要求

(1) 首先需要对自己有一个正确的认识,了解自己的实际情况,这样才能发挥优势,弥补不足。

(2) 要拟定一个符合自己实际情况的目标,以便使自己在练习时目标明确,自觉刻苦训练,尽快达到目标。

(3) 选择自己喜爱的训练方法和手段,这不仅可以提高练习效果,而且可以充分体验到形体训练的快乐。

(4) 通过一段时间的形体训练,对自己身体的变化和运动机能的提高及时做出总结。

(5) 形体训练的内容、方法、手段的运用要有针对性,针对自己的薄弱环节,有侧重点地进行练习,这样练习的效果会更好。

三、循序渐进性原则

1. 循序渐进性原则的含义

循序渐进性原则是指在形体训练中,目标的制定、内容的选择、方法的运用、负荷大小的安排要由易到难,由浅入深,逐步提高。

2. 循序渐进性原则的要求

(1) 目标的制定不宜过高,应是在一定时间的训练后能够达到和实现的,这样可以强化练习的动机,提高自信心。

(2) 训练内容及方法的选择、运用、安排要由易到难,由浅入深,逐步提高。

(3) 训练内容及负荷要循序渐进,区别对待,因材施教。

四、不间断性原则

1. 不间断性原则的含义

不间断性是指要坚持多年系统和持续不断的科学性训练。如果中断训练,在短时间获得的技术能力和形体变化,将会逐渐消退。只有经过长时间训练,才能保持已经提高的机能和形体发生的良好变化。

2. 不间断性原则的要求

(1) 在选择练习的内容、方法和手段时,要考虑它们的内在联系和系统性,以保证其内容、手段和方法的连贯性。

(2) 形体训练贵在坚持,不是一朝一夕之事,它是人一生的追求和梦想。只有长年坚持不懈,才能收到良好的效果。

第二节 形体训练中常见的运动损伤及其应急处理

一、形体训练中常见的运动损伤

(1) 肌肉拉伤。指由于肌肉的猛烈收缩或被动牵伸超过了肌肉本身所能承担的限度,从而引起的肌肉组织损伤。

(2) 关节韧带拉伤。指在间接外力作用下,关节发生超范围的活动而引起的关节韧带损伤。

(3) 软组织损伤。这类损伤可分为开放性和闭合性损伤两类。前者有擦伤、刺伤和切伤等;后者有挫伤和肌肉拉伤等。

二、运动损伤的直接原因

1. 思想因素
(1) 对预防运动损伤的意义认识不足。
(2) 运动中存在急躁或畏难心理。
2. 运动水平不够
(1) 机体的运动能力不能满足运动的要求(身体素质差)。
(2) 专项技术水平不高(技术动作有缺点或错误)。
(3) 心理素质不高。
3. 运动负荷安排
(1) 局部运动负荷长期过大。
(2) 一次运动量过大或连续大运动负荷训练。
4. 缺乏合理的准备活动
(1) 不做准备活动或准备活动不充分。
(2) 准备活动的量过大。
(3) 准备活动的内容与运动的内容结合的不当。
(4) 准备活动与正式运动的时间间隔过长。
5. 身体功能状态不良
(1) 睡眠或休息不好。
(2) 患病或伤病初愈。
(3) 过度疲劳。

三、运动损伤后的应急处理

1. 擦伤
在训练时,因摔倒或皮肤受器械磨擦致伤。擦伤后皮肤出血或组织液渗出。小面积擦伤,用红药水抹伤口即可;大面积擦伤,先用生理盐水洗净后涂抹红药水,再用消毒纱布覆盖包扎。

2. 撕裂
在剧烈运动时突然受到强烈撞击,造成肌肉撕裂,其中有开放伤和闭合伤。常见的有眉际撕裂、跟肌撕裂等。轻度开放伤,用红药水涂抹即可;裂口大,则需止血和缝合,必要时,注射破伤风抗毒血清。

3. 肌肉拉伤
在外力作用下,肌肉过度主动收缩或被动拉长,引起肌肉拉伤。这种损伤多数是准备活动不充分,或者动作不协调,或者用力过猛造成的。致伤后,轻者即刻冷敷,局部加压、包扎,并抬高患肢,24小时后可施行按摩;严重者,肌肉完全撕裂,则经加压后,立即送医院手术治疗。

4. 急性腰伤

训练时因腰部受力过重,肌肉收缩不协调,或脊椎运动超过正常生理范围而致伤。轻度损伤,可轻轻揉按。重症者应立即让患者平卧(一般不应随意扶动),并用担架护送医院治疗。处理后,应睡硬板床或腰后垫一枕头,使肌肉、韧带处于放松状态,24 小时后可施行按摩。

第三节 形体训练的自我监督

一、锻炼前的身体检查和自我评价

每个人的身体状况各异,因而对运动负荷的适应能力也有所不同。在形体训练中,一方面应避免运动负荷过大而造成身体不适应,另一方面也应注意运动负荷过小而达不到训练效果。因此,每位练习者都应掌握判断运动负荷是否适度的方法,以便及时加以调整。

二、练习前的准备活动与锻炼后的整理活动

(1) 参加形体训练每次 1.5 小时~2 小时,每周练习的次数至少两次以上。

(2) 参加形体训练要有恰当的生理和心理负荷量,准备活动要安排得轻松自如,由弱到强适度练习,一般以 10 分钟~15 分钟为宜,使运动时的最大心率保持在最大运动强度的 70%~80%最为合适。

(3) 锻炼前,应充分做好准备活动,特别要充分活动上下肢,且运动结束后的放松活动必不可少。

(4) 避免饱餐或空腹时锻炼,一般在饭后 2 小时~4 小时内锻炼为宜。锻炼前 2 小时内禁止吸烟、饮酒。

(5) 进行器械练习时,要预防与器械接触部位的身体擦伤或皮下组织受损。

(6) 使用器械锻炼时,应掌握正确的姿势,动作要有节奏,用力得当,否则对肌肉、骨骼、神经都会造成不良影响。

(7) 要定期进行身体检查,按医生意见严格执行,以确保安全。

(8) 根据自身的实际情况,控制好运动量和运动强度,并安排好锻炼计划。

三、形体训练的运动强度和负荷控制

形体训练应以有氧运动为主,中等强度为宜。脉搏能反映运动负荷的大小及身体机能的状况。训练前应测出安静时的脉搏,并记录下来。训练结束后,迅速测出脉搏,再与安静心率对照。一般情况如下:

(1) 小强度训练后的脉搏频率为 120 次/分钟以下。

(2) 中强度训练后的脉搏频率为 120 次/分钟~150 次/分钟。

(3) 大强度训练后的脉搏频率为 150 次/分钟~180 次/分钟。

如果训练后较长时间不能恢复到安静时的脉搏,或经过一个阶段的训练习,安静时的

脉搏频率反而增加,则说明运动负荷过大,机体反应不良。

四、注重合理的饮食搭配与睡眠

营养是保证身体正常能量供应的主要来源,是人类赖以生存的基本条件。营养状况的好坏直接影响人体的健康。参加训练后,只有及时摄取和补充适量的、必需的营养物质,才能保证人体健康和正常的活动能力。在社会物质比较丰富、科技水平日益提高的今天,怎样吃得更科学或更有益于健康,是当前人们关注的话题。有人将当前人们在饮食方面的追求,概括为"吃杂"、"吃粗"、"吃野"和"吃素"四大特点。从营养学角度来看,将这四大特点合理搭配,可能会更符合人们对各种营养的需求。切忌偏食、厌食,应保证正常身体发育和训练所需营养物质的质量,为形体训练提供物质保证。

休息是消除疲劳,使身心得到放松调整,迅速恢复精力的重要措施。休息的方法有很多种,初了睡眠以外,听音乐、看电视或进行适度的娱乐活动等都是可取的做法。多方面实验证明,睡眠对于精力的恢复比饮食更重要。因为运动时所消耗的精力可以在睡眠中得到补偿和修复,同时,神经系统和内脏器官也可以得到调整。因此,给自己制定一个兼顾学习、锻炼、休息的合理作息时间表尤为重要。

五、形体训练动作与呼吸的协调配合

在用力时,或肢体伸展时用鼻子深深地吸气,在运动还原或肌肉放松时用口充分地呼吸,呼吸要深,要有节奏,练习时呼吸以自然为准,即呼吸与动作有节奏地协调配合。一般正常呼吸频率为12次/分钟～18次/分钟。如果锻炼后10分钟内还未恢复到正常值,说明运动负荷过大。

六、自我感觉

(1) 训练后的心情。训练后,如果感觉良好,精力充沛,心情愉快,渴望继续锻炼,说明运动负荷适度;如果浑身无力,精神萎靡,情绪不稳定,对锻炼失去兴趣,甚至厌倦,说明运动负荷过大,应注意减小运动量。

(2) 训练后的食欲。训练后,如果食欲良好,说明运动负荷适宜;如果食欲减退,甚至厌食,则为疲劳过度,需要减少运动负荷;如果练习前后食欲无变化,则可能是运动负荷偏小,需要适当增加运动量。

(3) 训练后的睡眠。运动负荷适宜则入睡快、梦少、睡得沉稳,起床后精力充沛;运动负荷过度则失眠、多梦屡醒,晨起后仍感困乏。

(4) 其他不良感觉:运动负荷过大,还会伴有头疼、头晕、恶心、气喘、上腹部疼痛等症状,以及脸色苍白、四肢无力、肌肉酸疼等现象。只要及时调整运动负荷、适当休息,这些症状及不良感觉将很快消失。

七、自我监督的方法

每周一次,在相同时间、相同条件下,运用同一测量方法进行体重及身体各部位围度测量,并记下数据,与训练前测量的数据相对照,以此检查身体变化的情况,进而调整运动负荷或训练方案。

学 法 指 导

(1) 学习要点:形体训练的原则。
(2) 延伸学习:了解目前身体各系统机能所处水平,为制定锻炼计划提供依据。

思考与练习

怎样预防在形体训练中受伤?

第四章 健康与肥胖

学习提示

自古至今,健康成为各朝各代人们谈论的永久话题,并被视为人生的第一需要。但怎样正确理解健康的概念,衡量健康的标准,肥胖的判断以及运动减肥的科学方法等一系列的问题是目前人们所关注的热点问题。

通过本章的学习,可以了解健康与肥胖的概念、判断标准,掌握运动减肥的有关知识。

第一节 健康概述

一、健康(Health)的概念

健康是一个动态的概念。1984年,世界卫生组织(WHO)就将健康定义为:"健康不仅仅是没有疾病和不虚弱,而是身体、心理、社会功能三个方面的完满状态。"1989年则将健康明确定义为"躯体健康、心理健康、社会适应良好和道德健康"。这就说明,随着社会的发展,过去那种"无病即健康"的传统健康观日渐为人们所抛弃,一种新的健康观应运而生。

现代健康理念揭示了人体的整体性以及人体与自然环境和社会环境的统一,强调人体必须适应社会环境和自然环境,且在适应过程中处于主动地位,由被动的治疗疾病转变为积极地促进健康,促进健康从单纯的生物学标准扩展到心理、社会学标准,从个体健康评价延伸到群体乃至整个社会的健康评价。也就是说,既考虑到人的自然属性,又侧重于人的社会属性;既重视健康对人的价值,又强调人对健康的作用。

(一)生理健康

生理健康是人体健康的基础,指人在生物学方面的健康,即机体的完整和各系统功能的正常,力量、速度、耐力、柔韧性、灵敏性、平衡能力等身体素质良好。

(二)心理健康

WHO提出的心里健康标准有:①具有健康心理的人,人格完整,自我感觉良好,情绪稳定且积极情绪多于消极情绪;有较好的自我控制能力,能保持心理平衡;自尊、自爱、自信,有自知之明。②能够独处,有充分安全感,能保持正常人际关系,能受到别人的欢迎和信任。③对未来有明确的生活目标,有理想,有事业追求,能踏实工作,不断进取。

世界精神卫生学会提出的心理健康标准是:①身体、智力、情绪十分协调。②适应环境,在人际关系上能谦让、容忍。③有幸福感。④工作中能充分发挥自己的能力,生活效率正常。

心理学专家提出的心理健康标准可以归纳为以下六条:

(1) 认知功能正常,能正确评价自己,正视自己的显示,不妄想妄为。

(2) 人生态度积极,热爱生活,热爱自然,能适度控制情绪和表达,保持心神宁静和适度愉悦乐观情绪。

(3) 生活目标和理想切合实际,对工作、对社会有一定责任心,但不为物欲所累。

(4) 保持个性完整和谐,意志品质健全,不断完善自我。

(5) 人际关系积极稳妥,社会适应良好,能自立,重友谊,讲民主。

(6) 从事社会工作总有一定创造性。

专家们认为,心理健康是人体健康的关键。"心理平衡的作用超过一切保健措施的总和。别的都可以不要注意,你只要注意心理平衡,就掌握了健康的金钥匙。"世界各国都在调查长寿老人长寿的秘诀,发现他们的共同特点是心胸开阔、性格随和、心地善良、情绪乐观。所以说,心理健康是人体健康的统帅,生理是心理的基础。这就是在同等生理条件、营养条件、生活作息、体育运动、医疗保健和社会自然环境下,有的人健康常在,有的人却病多命短的原因。

(三) 适应社会与适应自然

WHO在健康定义第三点中强调"适应社会和自然环境的能力良好"。社会的健全和良好状态是人们生活的大环境,直接影响着人们的生存状态。社会安定和平,政府能为人民健康着想,人民生活的基本条件可以得到满足,人们适应社会与环境变化的能力强,人类的健康才有保障。

一个健康的人,从心理学和医学角度分析,应该处理好三个方面的问题:一是当好家庭和社会的各种角色;二是处理好事业中和社会活动中出现的问题;三是解决好自身的矛盾和难事。

(四) 智力健康

智力健康是指一个人的学习能力和利用信息、提高日常生活质量的能力。一个智力健康的人,应该是有知识、见识广博的,而不是愚昧无知的。

(五) 道德健康

20世纪90年代,WHO在健康标准中增加了"道德健康"的内容,这是人类对健康观念认识的一个进步。

《现代汉语词典》和《辞海》对道德的诠释是:"道德是社会意识形态之一,是人们共同生活及其行为的准则和规范。""它用善与恶、正义与非正义、公正与偏私、诚实与虚伪等道德观念来评价人们的行为和调整人们的关系。"

人们要健康生活,必须有一个安定的社会环境。法律是维护安定的最起码的保证。但要使国家和社会长治久安,还必须教育人们要自觉遵守社会秩序,这就是良好的道德,这是从宏观上谈道德与健康。良好的道德为人们的健康创造了安定的社会环境。

从微观上分析道德与健康的关系,道德良好是健康的内因。研究表明,世界各地百岁以上的老人,他们的居住地点、气候、饮食起居习惯不同,但他们的共同之处都是能善待他人,善待自己,人际关系良好。正如两千多年前孔子说过的:"仁者寿","大德必得其寿"。

心理学家的研究表明,人的道德品质低劣会损害健康。道德品质低劣的人往往利欲熏心,遇事斤斤计较,总想算计别人,怕别人报复,终日不得安宁,常处在一种紧张、愤怒和沮丧的情绪之中。这种不良情绪,使机体各系统功能失调,免疫能力下降,容易患各种疾病。可见,良好的道德是增进社会安定、有益健康的重要因素。

二、健康的标准(Health Standards)

根据健康的概念,WHO制定了人体健康的标准,即"五快"(躯体健康)和"三良好"(心理健康)。

"五快"的含义是:

(1) 吃得快。进餐时,有良好的食欲,不挑剔食物,并能很快吃完一顿饭。

(2) 排得快。一旦有便意,能很快排泄完大小便,而且感觉良好。

(3) 睡得快。有睡意,上床后能很快入睡,且睡得好,醒后头脑清醒,精神饱满。

(4) 说得快。思维敏捷,口齿伶俐。

(5) 走得快。行走自如,步履轻盈。

"三良好"的含义是:

(1) 个性人格。情绪稳定,性格温和,意志坚强,感情丰富,胸怀坦荡,豁达乐观。

(2) 处世能力。观察问题客观、现实,具有较好的自控能力,能适应复杂的社会环境。

(3) 人际关系。助人为乐,与人为善,对人际关系充满热情。

近年来,世界卫生组织在关于健康的定义下,又提出了衡量人体健康的一些具体标准:

(1) 有充沛的精力,能从容不迫地担负日常生活和繁重的工作,而且不感到过分紧张和疲劳。

(2) 处事乐观,态度积极,乐于承担责任,事无大小。

(3) 善于休息,睡眠良好。

(4) 应变能力强,能适应外界环境中的各种变化。

(5) 能抵制一般性感冒和传染病。

(6) 体重适当,身材发育匀称,站立时,头、肩、臂的位置协调。

(7) 眼睛明亮,反应敏捷,眼睛不易发炎。

(8) 牙齿清洁,无龋齿,不疼痛,牙龈颜色正常,无出血现象。

(9) 头发有光泽,无头屑。

(10) 肌肉丰满,皮肤有弹性。

以上这10条标准,具体地阐述了健康的定义,体现了健康所包含的体格、心理和社会三个方面的内容。

(1) 阐明了健康所包含的目的,即在于运用充沛的精力承担起社会任务,面对繁重的工作不感到过分紧张和疲劳。

(2) 强调心理健康,事事处处表现出乐观主义精神和对社会的责任感及积极的态度。

(3) 应该具有很强的应变能力,包括对外界环境(自然环境和社会环境)各种变化的适应能力。

(4) 从体格健康的几个主要方面提出标准,如体重(适当的体重可体现出合理的营养状态)、身材、眼睛、牙齿、肌肉等方面。

三、影响健康的主要因素

随着人类社会的发展和科学技术的日新月异,人们的物质生活水平日益提高,工作强度大幅度降低,身体力行的活动越来越少,新的生活方式给人们生活带来更多便捷的同时也使人类的健康面临着各种挑战,现在普遍认为影响人类健康的因素分为四大类:行为和生活方式、环境、生物学和卫生与医疗服务。

1. 行为和生活方式因素

行为和生活方式因素是指因自身不良行为和生活方式,直接或间接给健康带来的不利影响。行为是影响健康的重要因素,生活方式是一种特定的行为模式,受个体特征和社会关系的制约,包括嗜好(如吸烟、酗酒、吸毒)、饮食习惯、运动、精神紧张、生产劳动、交通行为与风俗等。在当今文明社会中,不健康的生活方式可以导致许多疾病。

2. 环境因素

健康不仅立足于身体和精神的健康,更应强调人体与自然环境和社会环境的适应,强调人类发展和环境可持续发展的不可分割性。

影响健康的环境因素主要包括自然环境因素和社会环境因素:自然环境因素指阳光、空气、水、绿化等生态环境和市容卫生环境;社会环境因素更为复杂,包括社会经济、科学、文化、风俗、教育、治安、住房等,安定富庶的社会、发达的科学文化技术、文明的社会习俗、良好的教育、舒适的居住条件等无疑对健康起着良好的促进作用。

此外,人际关系也是非常重要的,和谐的人际关系,美好的家庭环境,融洽的工作学习环境等均与人体健康息息相关。

3. 生物学因素

在生物学因素中,需要特别指出的是遗传因素和心理因素。遗传性疾病不仅影响个体终身,而且会给社会、家庭带来极大的危害。医学心理学研究证明,许多疾病和健康状态的发生及发展都与心理作用有着密切关系,积极的心理状态是保持和增进健康的必要条件。

4. 卫生与医疗服务因素

卫生与医疗服务指社会有良好的医疗服务和卫生保障系统,有必需的药物供应,有健全的疫苗供应和冷链系统,有充足的医疗卫生人员极其良好的服务。

四、促进健康的基本要素

人人都想拥有健康,希望青春长驻,生活充满活力。但是健康不是靠奢谈,而是靠实际努力来实现的。在维持和促进健康的行为中,有五个最基本的要素。

(1) 要自觉、经常地参加体育运动,尤其是有氧运动。

(2) 要科学、合理地摄入营养。

(3) 要有健全的心理。

(4) 要建立良好的生活方式。

(5) 要定期参加体格检查,及早发现、诊断和治疗各种疾病,力争使身体尽早摆脱疾病的困扰,恢复健康和活力。

第二节 肥胖概述

一、肥胖的概念

很多人认为,肥胖只不过是体重超标、脂肪过多,但事实并非如此。人们常常看到的多是肥胖者一副体态臃肿的表象,而对于肥胖给身体内部带来的那些看不到、摸不着的损害并不完全了解。

从诱发肥胖的各种因素来看,肥胖实质上是人体由于各种原因导致热量摄入超过消耗,多余热量便转化为脂肪囤积于体内,使体内脂肪细胞增殖(对儿童而言)或体积增大(对成年人而言),进而导致体重超标,影响形体美观和身体健康。

WHO认为:肥胖是人体过剩的热量转化为多余脂肪并积聚在体内的一种状态。人体脂肪堆积过多,超出正常比例,会使人的健康、形体和正常生活受到影响,因此,肥胖是脂肪过多的一种慢性疾病。

二、造成肥胖的原因

(1) 遗传。在现实生活中,常可见到一些家族中很多人发生肥胖。有学者对肥胖患者家族史进行了调查,发现家族中有肥胖病史者占34.3%。

(2) 内分泌失调。肥胖与内分泌功能密切相关,内分泌异常往往伴有继发性肥胖症,如体内胰岛素分泌增多、垂体前叶功能低下、甲状腺功能减退、性腺功能减退等。脑炎、脑外伤、脑肿瘤或因长期注射某种激素,也常引起继发性肥胖。

(3) 饮食。人们的饮食习惯及饮食质量对肥胖的发生也有一定的影响。不恰当地追求高糖、高脂肪、高蛋白饮食,特别是过多地摄入动物内脏和动物脂肪,以及好零食、经常大量饮啤酒等,都容易引起肥胖。

(4) 精神因素。俗话说,心宽体胖。心情好、休息好、无忧无虑的人,常常食欲良好,吃得香,吃得多,可引起肥胖借酒浇愁,喝酒要下酒菜,这样喝得多、吃得也多,也可使热量大大增加而导致肥胖。

(5) 运动少。现代社会由于交通工具的发达以及家务劳动的机械化、电气化,体力活动大为减少,使得能量的供给超过了需要,常会引起肥胖。一些重体力劳动者由于工种更换,成为轻体力劳动者,或是运动员终止其从事的体育运动,在这种情况下,如不相应地调整饮食,就会造成营养物质过剩、体内脂肪堆积,从而发生肥胖。

(6) 生理因素。男子到中年以后和女性到了绝经期后，由于各种生理功能减退、体力活动减少，而饮食未相应减量，也容易造成体内脂肪的堆积而发胖。一些妇女在妊娠、哺乳期间营养较好，产后又未能及时参加体力劳动或身体锻炼，也会造成肥胖。

(7) 环境。在寒冷的环境里为御寒而大量进食，也会造成肥胖。在工作中或家务劳动中与食物接触机会较多，因而有更多的进食以及品尝各种食物的机会，也容易发生肥胖，如厨师、家庭主妇。

三、衡量肥胖的标准

衡量肥胖的指标及标准主要有以下几种。

(一) 体重指数(BMI)法

体重指数法是通过计算人体身高与体重之间的比值大小来判断是否肥胖的一种方法。1997年6月，在日内瓦召开的世界卫生组织专家会议上，专家们把肥胖界定为疾病，《世界健康报告2002：减少风险，促进健康生活》(The World Health Report 2002：Reducing Risks, Promoting Healthy Life)把肥胖列为十大健康风险之一。同时，专家们提出了判断体重过重和肥胖的国际标准 BMI(Body Mass Index)，即

体重指数(BMI) ＝ 体重(千克) ÷ 身高^2(米)

根据这一标准，当 BMI ≥ 25.0 千克/米^2 属体重过(超)重；BMI 在 25.0 千克/米^2 ~ 29.9 千克/米^2 之间为预胖(临界)型肥胖；体重指数 ≥ 30 千克/米^2 为肥胖。

肥胖又分为三个级别：BMI 在 30 千克/米^2 ~ 34.9 千克/米^2 之间称为 Ⅰ 级肥胖；BMI 在 35.0 千克/米^2 ~ 39.9 千克/米^2 之间称为 Ⅱ 级肥胖；BMI ≥ 40 千克/米^2 为 Ⅲ 级肥胖。

由于不同国家和地区人群的体质并不完全相同，一些国家又根据自己国家人群的特点，在流行病学调查的基础上提出了适合本国人群的体重指数分类标准。2003年，我国肥胖工作组汇集了1990年以来我国13项大规模的流行病学调查，总计24万人的健康数据分析，制定出我国的肥胖标准：BMI 在 18.5 千克/米^2 ~ 23.9 千克/米^2 为正常；BMI 在 24.0 千克/米^2 ~ 27.9 千克/米^2 为过重；BMI > 28 千克/米^2 为肥胖。

需要强调的是：BMI 适用于体格发育基本稳定以后(18岁以上)的成年人。

例如，某成年男子体重为85千克，身高为1.70米，那么其体重指数 BMI ＝ 85 ÷ $(1.7)^2$ ≈ 29.4 千克/米^2。根据体重指数对照表可知，该成年男子身体属于预胖型肥胖。

再如，某成年女子体重为80千克，身高为1.60米，那么其体重指数 BMI ＝ 80 ÷ $(1.60)^2$ ＝ 80 ÷ 2.56 ＝ 31.25 千克/米^2，根据体重指数对照表可知，该成年女子身体属于 Ⅰ 级肥胖。

通常情况下，BMI 能够反映出身体的肥胖程度，但值得注意的是，在某些特殊群体中应用 BMI 时存在一定的局限性。例如，肌肉很发达的运动员用 BMI 标准衡量可能属于肥胖，但实际上并不肥胖；而对于处在衰老时期的老年人而言，由于他们的肌肉组织不断减少，脂肪组织不断增加，即使他们的 BMI 在正常范围内，也有可能属于肥胖。所以，这样的特殊群体不能单纯依靠 BMI 来确定他们的肥胖程度，选择测定身体脂肪含量的方法会更为准确。

(二) 简易计算法

成人标准体重：

男性＝(身高(厘米)－80)×0.7(千克)
女性＝(身高(厘米)－70)×0.6(千克)
儿童标准体重：年龄×2＋8(千克)

以上两种计算方法，基本已被广泛采用，标准体重±10％属于正常范围，超重20％属轻度肥胖，超重50％属重度肥胖。

(三) 精确计算法

军事科学院还推出了一种计算中国人理想体重的比较精确的计算方法：

北方人理想体重(千克)＝(身高(厘米)－150)×0.6＋50
南方人理想体重(千克)＝(身高(厘米)－150)×0.6＋48

这一计算方法，似乎比较适合南北地区的中国人。

儿童标准体重的计算，简便的方法是：1个月～6个月：出生体重(千克)＋月龄×0.6＝标准体重(千克)；7个月～12个月：出生体重(千克)＋月龄×0.5＝标准体重(千克)；1岁以上：8＋年龄×2＝标准体重(千克)。

但是，由于人的体重与许多因素有关，不同人体之间有差异，在同一天不同的时间也会有一定的变化，加之所处地理位置(如地心引力的原因)、季节、气候、自身情况不同，对体重也有一定影响，因而很难完全符合标准体重。也就是说，难以用一个恒定值来表示，而应当是一个数值范围，我们把这个数值范围称为正常值，一般在标准体重±10％以内的范围。超过这一范围，就可称为异常体重。实测体重超过标准体重，但超出部分小于20％者称为超重；实测体重超过标准体重20％，并有脂肪百分率($F\%$)超过30％者则可诊断为肥胖病。体重超过标准体重的30％～50％，$F\%$超过35％～45％者称中度肥胖病；超过标准体重50％以上，$F\%$超过45％以上者称为重度肥胖病。

第三节 运动减肥

一、运动减肥的原理

(1) 运动时肌肉需要消耗大量的热量，这时体内多余的糖在没有转变为脂肪时就被消耗了，从而减少了脂肪形成的机会。同时，运动动员了大量脂肪的脂解功能，从而减少了体内脂肪细胞的体积和数量，而大量脂肪酸在体内氧化分解的条件是需有充足的氧供应以及脂肪酸氧化系列酶有足够的活性。可见，有氧运动是运动减肥的基础。

(2) 长期进行有氧耐力运动，慢肌纤维发生适应性肥大，骨骼肌毛细血管增多，毛细血管网加大，毛细血管内皮细胞表面积扩大，激活存在于内皮细胞内的脂蛋白脂肪酶系统，从而肌肉动用脂肪作为能源的能力提高，结果体脂减少。尽管体重可能下降不明显，但瘦体重明显增加。运动不仅消耗能量，而且影响安静代谢率及食物的特殊动力作用，使能量消耗增加。1小时的步行、跑步或游泳的能量消耗是静坐的几倍到几十倍，

形体训练 理论篇

这与运动引起儿茶酚胺等激素分泌增加有关,从而提高体内 cAMP 水平,激活激素敏感性脂肪酶,加快脂肪组织的脂解。另外,运动降低了 6-磷酸葡萄糖脱氢酶的活性,抑制脂肪的合成,还使 α-磷酸甘油脱氢酶活性提高,加速 α-磷酸甘油的氧化分解,使 α-磷酸甘油含量减少,阻碍脂肪的合成,近来有报道,运动可使安静状态下脂肪供能增加,这可能有助于调节体重和避免肥胖。运动同时可活化 FFA 摄取系统,是运动增强骨骼肌,摄取脂肪酸能量的一个有利证据。有资料显示,基础代谢率降低是导致肥胖的危险因素,而长期规律的运动可以提高肥胖者的安静代谢率。运动还可通过调节机体能量平衡使身体成分发生变化,改变体脂分布,减少腰腹部脂肪,从而降低并发糖尿病、高血压和血脂异常的危险性。

(3) 正常人体重之所以能保持相对稳定,主要是神经内分泌系统对新陈代谢进行合理调节的缘故。而肥胖者的这种调节功能紊乱,脂肪代谢发生障碍,从而引起肥胖。肥胖者进行一定量的运动,能很好地作用于神经内分泌系统,恢复它对新陈代谢的正常调节,使之分泌促进脂肪消耗的激素,这样就促进了脂肪的代谢,从而可减轻肥胖程度。

(4) 运动对肥胖者的另一个重要的作用是改善心肌代谢,加强心肌收缩力,增加血管弹性,促进血液循环。由于肥胖者容易并发心血管系统疾病,所以这种作用在某种意义上来说比减肥更为重要。有资料表明,锻炼 3 个月后,肥胖者的心脏功能明显增强,基本达到正常人的水平,而且脉搏饱满有力。1/5 的肥胖者血压降低,达到正常水平;少数人不正常的心电图恢复正常。另外,相当一部分人气喘、心动过速和心前区疼痛等症状消失或明显减轻。这些都说明适当运动对预防和治疗肥胖者常见的合并症——冠心病、高血压——是有效的。

(5) 运动可以降低血脂,使血液中胆固醇及三酰甘油浓度降低,减少内脏器官脂肪沉积。运动可以改善组织,特别是肌肉组织对胰岛素的敏感性,增强其与胰岛素的结合能力。因为胰岛素对脂肪的分解有很强的抑制作用,它的减少常伴有儿茶酚胺和生长激素等升高,最终加快游离脂肪酸分解。

(6) 运动对肥胖者的呼吸系统也有良好作用。运动可增强呼吸肌力量,增加胸廓活动范围及肺活量,改善肺的通气、换气功能,使气体交换加快,有利于更多地氧化分解多余脂肪。

(7) 运动还可以改善肥胖者腹腔脏器功能,增加胃肠蠕动及血液循环,减少常见的腹胀肠鼓、便秘和痔疮等并发症。运动可使肥胖者感到心情轻松、愉快,能增强自信心,有助于培养良好的、有规律的生活习惯。

二、运动减肥的最佳速度

绝大多数减肥者都希望体重下降越快越好,越多越佳,最好"一天减成个瘦子"。但这样往往收效甚微,欲速则不达,甚至会危害身体、危及生命。事实上,减肥的效果和安全性有密切的关系。一般而言,机体丢失的体重里脂肪占 75%,肌肉占 25%。而脂肪组织中水占 50%,肌肉组织中水占 75%,所以减去 1 千克体重丢失的脂肪实际上只有 0.375 千克,肌肉蛋白质 0.06 千克,水的丢失量为 0.6 千克。减体重的速度越快,脂肪丢失的比例越低,水和肌肉的比例就越大,这对人体的健康是不利的。

WHO 规定,健康的减肥应该遵循"不腹泻、不厌食、不乏力,每周减肥的重量控制在

0.5千克的范围以内"的标准。否则,减去的不是脂肪而是体内宝贵的水分。

肥胖是多年脂肪累计的结果,要恢复良好的体形也需要很长时间,不能急于求成,要循序渐进。

减肥的最佳速度和效果因人而异,减肥过程一般可表现为三种类型:①体重平稳下降,每周或每月减少0.5千克~1千克。②减肥的前1~2个月体重无明显变化,之后才开始下降,而且速度较快。③体重最初下降很快,甚至每周达1千克~2千克,然后停止下降数周甚至数月,接着体重又逐渐下降。

显然,第一种类型比较平稳而且顺利,不会发生太多的危险。一般而言,节食或运动减肥时,开始体重下降较快,这主要是组织蛋白和水分丢失较多。随着减肥的继续,机体对此逐渐适应之后,负氮平衡就会缩小,尤其在膳食中有足够优质蛋白供应时,能量负差将大部分落在体脂的消耗上,减重主要是减脂肪了,此时减肥的速度减慢。这一定时期,如再适当增加运动量后1~3个月,虽然体内脂肪分解增加,但又增加了体蛋白的合成,以致体重无明显变化。再坚持下去,开始消耗脂肪组织,体重又开始下降。

按照科学的观点,每周减体重1千克,就可以说是成功了。那些急于求成的节食者总觉得1千克太少,其结果是减体重的速度越快,体重反弹的机会越多。因此他们不能持之以恒地减体重。美国食品药品管理局(FDA)的健康与人类服务部在1998年6月提出了健康减体重的指导原则,认为:安全的减体重计划是每天减少1255.2千焦~2092千焦(300千卡~500千卡)热量摄入,一周内多数日子里运动(如快走)不少于30分钟,每周减体重0.5千克~1千克。

每周减体重的最高量可达到10千克,但是这样减体重丢失的大部分是水,并没有达到减肥的目的,而且在恢复正常饮食以后,体重就会很快复原。典型的肥胖病人减体重的最大安全量可以达到1.5千克~2千克,但是对于一般体重较大(70千克左右)的女性,最大减体重安全量只能是0.5千克~0.75千克。

三、运动减肥与形体健身的误区

在日常生活中,参加形体健身锻炼的人总是抱怨运动健身达不到自己想要达到的效果,因而失去信心而中断健身,其实这与健身者在健身过程中的错误观念有关。下面我们从目前健身美体的常见误区来分析澄清错误观念。

误区一 有氧运动比力量训练在控制体脂方面效果更好。

有氧运动与力量训练结合进行是将体脂控制在理想水平的最好方法。许多人处于以下两点理由,错误地以为单独进行有氧锻炼对控制和减少体脂最有效。

(1) 有氧运动首先消耗的是脂肪,而力量训练消耗的是储存在体内的糖。

(2) 在设定的心率范围之内,45分钟的有氧锻炼要比同样时间的力量训练消耗更多的热量,练练停停的力量训练需要每组之间休息,消耗的热量要少得多。

确实,在有氧运动中身体把储存在体内的脂肪当做燃料来消耗,但同时被消耗的还有体内的糖原。研究显示,在适中强度有氧运动的前20分钟(达到最大心率65%的强度),身体消耗的大多是糖原。不错,45分钟的有氧锻炼比相同时间的力量练习消耗的热量要多(强度相同),但那些增加了肌肉总量的人,由于其休息状态的新陈代谢得以提高,所以即便是休息,机体一天所消耗的热量也相应大大增加。

实践表明,每增加 0.5 千克的肌肉,意味着每天多消耗 500 千卡～1000 千卡热量,或者是每星期多消耗 3500 千卡～7000 千卡的热量。

有氧锻炼能达到消耗热量的目的,但却不能长时间地提高新陈代谢。力量练习虽不能长时间提高心率,但它却增加了肌肉总量,从而使新陈代谢得到提高,使人在休息时也能消耗更多的热量。这就是有氧锻炼与力量练习结合进行才是最佳减肥方法的原因。

误区二 有氧运动越多越好。

一件好事做过头可能会变成坏事,有氧运动也是如此。虽然有氧运动不失为一种有效消耗脂肪的办法,但长时间的有氧锻炼消耗的不仅仅是脂肪,还包括肌肉。研究发现,2 小时中量的有氧锻炼可耗尽体内 90% 的白氨酸(对肌肉生长非常重要的一种氨基酸)。通常情况下,正常的白氨酸水平可防止因锻炼过度引起的肌肉分解。

国际健身会的职业健美运动员乔·卡特勒说:"当我在一天当中有氧运动超过 1 小时时,我的力量就会下降,肌肉萎缩,即使摄入许多热量和蛋白质也无济于事。我感觉 40 分钟～45 分钟就是我的警戒线,超出这个时间,我的肌肉便会流失。"

误区三 低强度的有氧运动消耗更多的脂肪。

减脂的原理在于每天消耗的热量多于吸收的热量,较高强度的锻炼比低强度的训练能消耗更多的热量。

运动生理学家发现,运动量达到最大心率的 60% 时,身体消耗的脂肪比糖(糖原)或蛋白质(肌肉)要多。但如果运动强度再大一些,即达最大心率的 75% 以上时,身体就会直接将脂肪、糖、蛋白质全部作为能量来源。也就是说,练得越苦,消耗的热量越多。但作为初练者,应遵循循序渐进的原则,逐渐增加运动量,这样才能有效提高心肺功能,才可能适应较大强度的运动量。

用心率运动强度的简便方法:用 200 减掉年龄,再乘以设定的运动强度百分比即可,如 35 岁的人以最大心率的 70% 锻炼,那么他的心率应保持在每分钟 130 次,即(200－35)×0.70。

误区四 先做有氧锻炼,然后进行力量练习,才能够苗条。

为了消耗更多的热量,有氧活动要有一定的强度,理想的方式是达到最大心率的 70% 以上。而大量练习的目的是增加肌肉,理想的运动量是用正确姿势每组重复 6 次～12 次。

最明智的办法是在短暂的热身后进行力量练习,然后做有氧活动。如果把有氧活动放在前,由于它可降低肌糖原储备并消耗体力,因此,体重可能不但没减轻,反而会增加。如果先进行力量练习,则很快就能达到需要的状态,做好有氧运动的准备。

误区五 多做 20 分钟的有氧练习,把多吃的甜食或其他美味消耗掉。

如果为了消耗掉多吃的甜食,偶尔延长有氧锻炼的时间不至于有什么不好,但如果成了习惯,结果只能有害无益。假如经常以延长锻炼时间作为过量饮食的借口,实际上已把自己置于过度训练的境地中了,而你的身体根本没有时间从过度训练的疲劳中恢复过来。

当机体不能适应训练时,要达到增肌减脂的目的是很困难的。因为过量训练可导致分解代谢激素的过多分泌,这种激素附着在肌肉上,使肌肉不能合成。所以经常在一餐中过量进食的人,应在下一次有氧训练中稍稍增加点强度,或者减少下一餐的热量摄入。

误区六 进行大量的有氧及轻力量练习,将有助于降低不理想的体脂水平,同时还能保持肌肉。

体脂测验可显示脂肪与其他身体组织（肌肉、骨骼等）的比率。减少脂肪的关键之一是拥有更多的肌肉。的确，改善令人沮丧的体型不外乎两种方法，即减掉尽可能多的脂肪，发展尽可能多的肌肉。

选择有氧运动的人当然可以达到减脂目的，但当他们从事过量的有氧练习，将力量练习弃之一旁或进行轻力量练习时，绝对不足以保持肌肉总量。如果肌肉总量减少了，休息状态的新陈代谢率降低，体脂比率将随之上升。

要改变脂肪与肌肉的比率，应采用相对重些的力量练习发展并保持肌肉总量。力量练习之后进行中指定强度有氧锻炼。

误区七 去健身房进行有氧锻炼前，吃一顿健康餐，增加点能量。

锻炼前的进餐内容，要看饭后多长时间去锻炼，如果目标是减脂，最好在锻炼前3小时摄入营养均衡的一餐；如果想在有氧锻炼前1.5小时～2小时进餐，应减少进餐量；如果在1小时之内就要进行有氧锻炼，不要摄入碳水化合物。原因是：有氧练习10分钟～20分钟后，身体慢慢地开始消耗脂肪（主要），而身体能否有效地将脂肪当做燃料消耗，则取决于血液中葡萄糖的含量。显然，如果摄入的是高碳水化合物，那么血液中的葡萄糖水平也会很高，葡萄糖可延缓身体把脂肪当做燃料消耗的时间。

误区八 低强度的有氧练习不但可以消耗脂肪，还有利于心脏健康。

经多年研究，美国心脏协会指出，每周3～4次，每次至少30分钟，以最大心率的50%～75%锻炼的有氧运动对心脏最有利。它将对心血管系统和心肺功能有积极的改善作用，并显著减少相关疾病的危险。美国心脏协会建议，初练者的运动心率以最大心率的50%为宜，几周后，强度逐渐增加到最大心率的75%。总之，训练强度越大，体型保持得越好。因为心脏与其他部位一样，也是一块肌肉，它同样需要大强度的练习。

误区九 只要多运动，便可达到减肥的目的。

运动虽能消耗体内的热量，但仅靠运动减肥效果并不明显。研究表明，即使每天打数小时网球，但只要多喝一两听易拉罐饮料或吃几块饼干，辛辛苦苦的减肥效果便会化为乌有。因此，要想获得持久的减肥效果，除从事运动外，还应从饮食上进行合理调整。

误区十 空腹运动有损健康。

人们总担心空腹运动会因体内储存的糖原大量消耗而发生低血糖反应，如头晕、乏力、心慌等，对健康不利。美国达拉斯健美运动中心霍帕博士研究认为，饭前1小时～2小时（即空腹）进行适度运动，如定量步行、跳舞、慢跑、骑自行车等有助于减肥。这是由于此时体内无新的脂肪酸进入脂肪细胞，较易消耗多余的，特别是产能的褐色脂肪，减肥效果优于饭后运动。另外，由于运动量适宜，热能消耗较少，体内储存的糖原足够使用，不会影响健康。

误区十一 每次坚持30分钟慢跑即可减肥。

慢跑虽可达到有氧锻炼的目的，但减肥功效却甚微。实践证明，只有运动持续时间超过45分钟，人体内的脂肪才能被动员起来与糖原一起供能。随着时间的延长，脂肪供能的量可达总消耗量的85%。可是短于45分钟的运动无论强度大小，脂肪消耗均不明显。

误区十二 运动减肥有全面或局部的选择。

人们在一些广告宣传中常听到或看到减胸、减臀、减腹等词句,那么局部运动是否能减少局部脂肪呢?首先,局部运动总消耗能量少,易疲劳,且不能持久;其次,脂肪供能是由神经和内分泌调节控制,但这种调节是全身性的,并非想减哪个部位就可以减哪个部位的多余脂肪,而是哪里供血条件有利于脂肪消耗,哪里就能减肥。

误区十三 运动强度越大,运动越剧烈,减肥效果越佳。

其实,只有持久的小强度有氧运动才能消耗多余的脂肪。这是由于小强度运动时,肌肉主要利用氧化脂肪酸获取能量,使脂肪消耗得快。运动强度增大,脂肪消耗的比例反而相应减少。当接近大强度运动时,脂肪供能比例只占15%。因此,轻松平缓,长时间的低强度运动或心率维持在100次/分～124次/分的长时间运动,才有利于减肥。

误区十四 只吃水果就可以迅速减肥。

有些人以水果代替早餐,早上吃4个～5个橙子、苹果、雪梨等,以为水果所供应的养分不会使脂肪增加,其实这是错误的想法。尽管各类水果均含丰富的维生素及矿物质,是非常有益的东西,但同时含有大量的糖分,糖分能使人体脂肪增加。所以,进食过量的水果,不但不会使体重下降,反而会使体重上升。

误区十五 不吃肉不长"肉"。

谈到饮食减肥时,常听有人说:"不吃肉就可以不长肉了。"这种说法是完全错误的。

(1) 首先,要搞清我们所说的肥胖赘肉是指体内脂肪,而不是肌肉,减肥健身时要去掉多余的脂肪,增加结实、发达的肌肉。

(2) 我们食物中的肉有两种,一种是肥肉,一种是瘦肉。肥肉不是肉而是脂肪,瘦肉才是真正的肉,是蛋白质。瘦肉蛋白质在体内转化为热量或脂肪的比例很小。

因此,减肥不是一概不吃肉,而是要适当多吃瘦肉,少吃肥肉。如果将肥肉和瘦肉一概拒之门外,便造成营养摄入不平衡,不利于健康长寿。况且不吃肉食,势必增加了米面等糖类食物的食量,多余的糖很容易转化为脂肪,更会使人发胖。

误区十六 女性练力量就会如男人般强壮。

这是错误的。因为男女的生理结构与体内机制存在着很大的差异,女性在力量的增长与肌肉块的形成上与男人是不可能相同的。女健美运动员的夸张肌肉由多种特殊因素组成,其中包括先天的肌肉素质、超常的练习强度、严格的营养结构等。普通女性的力量练习多是采用小重量、多次数的方式,器械上多采用哑铃或某些轻器械。这种练习方法对体表耗脂,美化肌肉线条以及增强肌肉韧度都有好处,最重要的是能使身体更有形。所以,尽管女性体内存在着少量的雄性激素,但也不必担心会练出男人般的肌肉。

误区十七 颈部练习不如胸腹部和下肢练习那么重要。

这是不科学的。很多女性容易在重视"三围"塑造的同时忽视颈部练习,其实现代人长时间进行案前工作,极易形成颈部老化和颈椎劳损,更容易因紧张、繁忙的生活节奏而使肌肤老化速度加快,其中尤以颈部的老化程度最为明显。对颈部的养护,首先要注意颈部劳损,应时常做颈部练习并要格外重视颈部的清洁、按摩与保护,这样才能拥有修长、挺拔和光滑的颈部。

误区十八 健身跑会使腿变粗。

常人的健身跑多是中低强度的匀速跑,它的触地方式会使腿部更加匀称、修长。专项跑的运动员们粗壮的腿部是由天生的特殊肌纤维和频繁的超强度训练形成的,因此不必担心我们在跑步后也会如此。

有人在跑步后的数小时或数天内有"腿粗"的感觉,那是因为腿部肌肉内的运动产物一直充斥在肌肉组织内,那些不经常活动或体质偏差的人对这些产物的排出能力不强,以至呈现"腿粗"的反应。因此,最好在每次运动后经常放松腿部,并坚持健身跑运动,"腿粗"的感觉就会消失。

误区十九 减少腹部脂肪的唯一方法是每天做仰卧起坐。

减少腹部脂肪的好方法很多,仰卧起坐只是增强腹肌力量的一种方法,对于消除腹部脂肪没有多少效果。

消耗某一部位脂肪的最好方法,莫过于进行全身的有氧运动,因为在身体活动时,用于供能的脂肪来自于全身各部位的类脂化合物液体,而不是某一部位的脂肪组织。

误区二十 力量训练之前不可吃东西。

从记事起,我们就被告知体育活动前不可吃东西,因为食物的消化会妨碍运动能力。但现在的研究却证明,在训练之前吃一些由碳水化合物与蛋白质组成的食物有利于体力的增加与恢复。

运动营养专家马克·卡塞尔曼表示,食物的消化与吸收需要一定的时间,如果在开始训练之前吃一些碳水化合物与蛋白质,它们在你运动时被消化,正好可以补充运动时消耗的能量。

当然,训练前避免吃得过饱这一原则仍需牢记。原因是消化大量食物需要很多能量,而且还有血液分配问题,不能让肌肉与消化系统争抢血液。最好是在运动前30分钟摄入200千卡(1千卡=4.19千焦)容易消化的食物,奶油或者蛋白质饮料都是不错的选择。

另外,训练前补充能量保证了血液中氨基酸的含量。如果高强度训练延续45分钟以上,身体可能会开始从肌肉中分解蛋白质来补充能量短缺,这对肌肉生长不利,此时若有氨基酸及时进入血液,可满足运动所需,避免损失肌肉蛋白。

误区二十一 要增加体重,就要多吃营养价值高,含油、糖的食物。

有人认为,消瘦,主要是摄入不足造成的,要想增加体重,就得多吃营养价值高的物质。事实上并非这么简单。我们说的摄入,指的是真正能够被人利用,所以摄入与消化、吸收有密切的关系。人的消化、吸收、排泄系统,由许多环节组成,不论哪个环节出了毛病都会影响到消化和吸收。例如,饮食过多会增加胃肠负担,加重消化障碍,引起吸收不良,不能把食物中的营养变成人体能利用的营养物质;排泄功能异常,把食入的东西很快排泄出去,使消化、吸收都不能充分完成。这些都属于摄入不足,而这些摄入不足,用增加进食量的办法不但解决不了问题,反而会使原本有缺陷的消化系统负担加重。此外,多吃营养价值高,含油、糖的食物,会忽视另一类营养物的摄入,从而造成营养不均衡,不但不能增加体重,反而会导致某些疾病的发生。

误区二十二 消瘦的人多服用助消化药能增加体重。

有些消瘦的人,食欲不好,多吃一些胃就不舒服,因此为了增加体重,经常服用助消化药,想以此改善食欲。其实,这样并不能解决根本问题。人的消化除了机械性消化,即消化道的蠕动对食物的传送和粉碎,还包括各种腺体分泌的消化液对事物的化学性消化。食欲不振或胃不舒服,一定要首先明确原因,针对原因用药,才能取得好的效果。另外,凡是药物都有一定的副作用,尤其是长期服用的药物一定要搞清楚其副作用及掌握适当的用量,这些都是比较专业的问题。因此,最好是在医生的指导下,根据需要服用药物,不要自作主张服用药物。药物用得恰当,可有助于增加体重,用得不合适,则对身体有害。

学法指导

(1) 学习要点:健康的概念;健康的标准;衡量肥胖的方法;运动减肥与形体健身的误区。

(2) 延伸学习:根据健康与肥胖的标准衡量自身健康与体型状况,制定健身塑形计划。

思考与练习

(1) 怎样正确理解健康的概念?
(2) 根据健康概念判断自己的健康状况。
(3) 影响健康的因素有哪些?

阅读资料

测测你的发胖指数

是否发胖,关键看身体脂肪率。下面的测试题能推算出脂肪率大概是多少。

(1) 现在比18岁时的体重重了5公斤以上。
(2) 吃饭快,一下扫光餐盘中所有的东西。
(3) 体重没变,但肌肉却越来越松弛了。
(4) 嘴总是吃个不停,包里总能找到零食。
(5) 爱吃油炸食物。
(6) 腰围除以臀围的比例大于0.76。
(7) 即使是从一楼到二楼也得搭乘电梯。
(8) 总是不断减肥,又不断反弹。

结果:

A. 6个以上是肯定答案,说明身体的脂肪率在30%以上。体内已经囤积了多余的脂肪,再不采取行动,会越来越胖。体脂肪率超过30%算是肥胖,不仅外表看起来臃肿,而且容易患各种疾病。危险指数:8。

B. 3个~5个是肯定回答,体内脂肪率在25%~30%之间。你看起来虽然不胖,但很结实。这可能也说明你正一步步向肥胖靠近,应赶快改变饮食方式与生活习惯,并开始做运动。危险指数:5。

C. 肯定答案在两个以下:脂肪率在25%以下。虽然目前仍很苗条,但保持好的饮食方式和生活习惯是保持良好身材的最佳途径。危险指数:2。

第五章 营养与运动饮食

学习提示

通过本章的学习,掌握营养学的基础知识,合理调节运动与膳食平衡。

第一节 营养学的基本概念

随着经济的发展和社会的进步,人们对食物营养与健康倍加关注,膳食结构也正从温饱型向营养型转变。合理的营养是人类充分发挥其社会活动能力、智力和身体潜能的先决条件。营养学具有很强的科学性、社会性和易用性,是一门与国计民生关系密切的重要学科。

1. 营养学

营养学是一门研究食物、营养、人体、环境关系的综合学科,是研究膳食、营养与人体健康关系的科学。具体而言,是研究人体对食物的利用与代谢规律及科学确定人体对营养素需要量的科学。营养学根据研究内容和目的又可分为基础营养学和应用营养学。基础营养学主要研究人体的新陈代谢、不同营养素的生理功能、新陈代谢中营养素的相互关系和人体对营养素的需要量。应用营养学则主要研究人体在不同生理情况下对营养素的要求。

2. 营养

营养是指人体消化、吸收、利用食物或营养素的过程,也是人类通过摄取食物以满足机体生理需要和从事各种活动需要的生物学过程。营养不仅仅是维持人体生命的先决条件,也是保证身心健康的物质基础,更是人体康复的重要条件。

3. 营养素

营养素是食物中所含有的能维持人体正常生理功能、生命活动和生长发育的物质。目前已知有40种~45种人体必需的营养素存在于各类食品中。一般将营养素分为六大类,分别为蛋白质、脂肪、碳水化合物、矿物质、维生素和水。近年来,发现膳食纤维也是维持人体健康必不可少的物质,是航天食品的必要成分,可算为第七类营养素。

4. 食物

食物可视为营养素的载体,是维持生命和保证健康的物质基础,是人从事各种体力活动和脑力活动的保障。食物中含有丰富的营养素和能量,使人享受美味的同时还能调节人体新陈代谢、增强防御疾病的能力、促进健康。

5. 药物

药物是一种能影响机体生理、生化和病理过程,用以预防、诊断、治疗疾病和计划生育的化学物质。它同食物一样可食用,但药物主要起治疗作用,无营养作用,通常还有副作用。

6. 膳食

膳食可视为含有多种营养素的多种食物的混合体,即人们的日常饮食,如每天食用的三餐。膳食类型与民族、地区、信仰和经济水平等因素有关,如中餐、西餐、素食等。膳食与人体健康有着密切的关系:符合合理营养要求的膳食一般称为平衡膳食,是促进健康的根本保证,有利于改善代谢、消除病因、缩短病程、进行综合治疗;不符合合理营养要求的膳食一般称为不平衡膳食,它不仅降低生活质量和人体抵抗力,而且会引起、加重疾病。

7. 能量

能量也称为热能或热量,是人类赖以生存的基础。人体所需要的能量通常主要由食物来供给。食物中除了碳水化合物、脂肪、蛋白质三种营养素能够在人体内产生能量,就只有酒中含有的乙醇才能提供热能。如果人体摄入能量不足,会导致身体机能下降,影响健康,引发疾病,甚至缩短寿命;如果摄入能量过剩,则会导致脂肪堆积,形成肥胖。所以,能量的供需平衡是营养学最基本的问题。

第二节　人体所需的营养素

我国古代就提出"五谷为养、五果为助、五畜为益、五菜为充",这充分体现出饮食的多样性。通过科学饮食、合理搭配,全面均衡地补充营养素,不仅能使营养平衡,而且还能达到预防慢性疾病的目的。

1. 蛋白质

蛋白质(Protein)一词来源于希腊语,意思是"第一"或"最重要的"。蛋白质是一切细胞组织的物质基础,一切生命的产生、生存和死亡都与蛋白质有关。没有蛋白质就没有生命。蛋白质是一种化学结构非常复杂的有机化合物,基本成分是碳、氢、氧、氮四种元素。其生理功能是:①构成人体组织成分,修补组织;②调节体液渗透压和维持酸碱平衡;③构成生理活性物质;④供给能量;⑤维持皮肤的弹性和韧性。

蛋白质缺乏和蛋白质过剩都是蛋白质营养失调,对人体健康都有不良影响。由此可见,蛋白质对人体是非常重要的。

一般而言,奶、蛋、坚果、肉类、大豆中蛋白质含量较高,谷类食物含量适中,蔬菜、水果中含量较低。

2. 脂类

脂类也称脂质,是一大类有机化合物,是脂肪和类脂的总称。其中脂肪又名中性脂肪,是人体重要的供能营养素,也是体内主要的储能物质;脂类是高能量物质,是细胞的构成原料,摄入过多容易导致超重和肥胖,从而引起其他疾病。由于膳食脂类中所含的大部分是中性脂肪,类脂较少,所以常将中性脂肪和类脂统称为脂肪。

脂类的主要生理功能有:①储存及提供能量;②构成组织细胞,合成重要的生理物质;

③提供必需脂肪酸,促进脂溶性维生素的吸收;④维持体温,保护脏器;⑤内分泌作用。

在膳食中,脂肪主要来源于动物的脂肪组织、肉类,以及植物的种子,如猪油、鱼油、菜油、蛋黄、牛肉、内脏、花生、大豆、芝麻等。随着年龄的增大,动物油和内脏的摄入量应该减少,因为高饱和脂肪酸和高胆固醇是诱发冠心病、高血脂、脂肪肝的因素之一。

3. 碳水化合物

碳水化合物也称糖类、碳水化物,是由碳、氢、氧三种元素组成的一大类化合物,是为人体提供热能的三种主要的营养素中最廉价的营养素。碳水化合物有四个化学类别,即单糖、双糖、寡糖和多糖;有三种存在形式,即葡萄糖、糖原和含糖复合物。

碳水化合物的主要功能有:①提供能量;②构成机体组织;③抗生酮作用;④增强肝脏的解毒能力;⑤节约蛋白质作用;⑥膳食纤维的生理功能。膳食中碳水化合物的种类和比例可能与冠心病、糖尿病、肿瘤等发病率有密切关系。因此,应该控制饮食中的精制糖用量。碳水化合物主要来源于谷类(如水稻、燕麦、玉米等)、水果(如甘蔗、西瓜、葡萄等)、坚果(如板栗、莲子等)和蔬菜(如红薯、胡萝卜等)等植物性食物。

4. 水

水是一种最重要的营养素,又是人体的重要组成成分,还是维持生命最重要的物质。一旦没有了水,任何生物都不能生存。水的生理功能有:①物质运输;②调节体温;③润滑功能;④促进生化反应,参与物质代谢。

5. 矿物质

人体组织中几乎含有自然界存在的所有元素,其元素的种类和含量与其生存的地理环境表层元素的组成及膳食摄入量有关。其中,除了碳、氢、氧和氮主要以有机化合物形式存在外,其余元素统称为无机盐和灰分。矿物质与其他营养素不同,不能在体内生成,除非被排出体外,否则不可能在体内消失。重要的10种矿物质元素分别为钙、磷、铁、锌、硒、碘、钾、镁、铜、氟和氟化物。矿物质在体内的主要任务是构成机体组织和维持正常生理功能,而每种元素又有各自特殊的作用。体内矿物质缺乏会导致生长发育迟缓、智力发育不良、骨质软化和免疫力差,而盲目过多摄取某些矿物质,易产生毒性作用,所以强调用量不宜过大。

6. 维生素

维生素是维持机体正常代谢和生理功能所必需的一类微量低分子有机化合物,它的种类繁多、性质各异、生理功能不同。维生素虽不能提供能量,也不是人体组织的组成成分,但由于机体自身不能合成或合成数量不足,则必须由食物不断供给。维生素可分为三类,即脂溶性维生素(维生素 A、D、E、K)、水溶性维生素(维生素 B 族、维生素 C 等)和类维生素物质(生物类黄酮、肉毒碱、辅酶 Q、牛磺酸等)。食物中某种维生素长期缺乏或不足即会引起代谢紊乱和出现病理状态,形成维生素缺乏症,但维生素过多对身体也会有害。

第三节 健康运动合理营养的基本要求

1. 食物的数量和质量应满足健身运动的需要

食物的数量应满足健身运动能量消耗的需要,使运动健身能保持适宜的体重和体脂;

在质量方面应保证全部营养素适合的配比。食物中的能源物质,即蛋白质、脂肪和糖类的比例应适应与不同健身运动的需要。一般情况下,蛋白质热量占总热量的20%～15%,脂肪热量占总热量的25%～30%,糖类的热量占总热量的55%～65%,有氧健身运动的糖类热量可达到总热量的70%以上。

2. 食物应当是营养平衡和多样化

食物应包括谷类物(包括米、面、食粮的粗杂粮和薯类),蔬菜水果,奶和奶制品,水产品、肉、禽、蛋、豆和豆制品等高蛋白食品及烹调用油和白糖等纯热量食物。热量不足或过多时,可用主食、油脂或甜食等调节。

3. 一日三餐的分配

早餐应有较高的热量,并含有丰富的蛋白质、矿物质和维生素等事物。午餐应适当加强,但要注意避免肠胃负担过重。晚餐的热量一般不宜过多,以免影响睡眠。早、中、晚三餐热量大致为30%、40%和30%。运动健身期间要定时进餐、饮食有节,不可暴饮暴食,不喝酒,不吃有刺激性事物。运动量和大强度运动时更应该如此。

4. 运动健身的进食时间

运动健身的进食时间应考虑消化功能和健身者的饮食习惯:一般运动应在进餐后1.5小时～2.5小时进行,因为正常情况下胃中食物的排空时间为3小时～4小时,不容易消化的食物如牛肉可在胃内停留5小时～6小时。运动时,内脏缺血,进食和运动的时间间隔过近,既影响消化,又会影响运动;过晚,则会造成一时性缺血状态。因此,运动结束后,不宜立即进食,一般应在运动后休息30分钟以上再进餐,大运动后要休息45分钟以上。

第四节 健康运动与营养膳食平衡

营养膳食平衡是指能保证人体摄食的热量和各种营养素全面达到营养生理需要量,又在各种营养素之间建立代谢协调的生理平衡。具体而言,平衡膳食是指同时在四个方面使膳食营养供给与生理需要之间建立起平衡关系,即氨基酸平衡、热量营养素平衡、酸碱平衡及各种营养素摄入量之间的平衡。平衡膳食的基本作用是在各种营养素消化、吸收、运输、利用的动态过程中使身体各组织都能正常工作。任何一种营养素过多或不足都会影响其功能平衡,造成平衡关系失调,对人体健康造成不良影响,甚至会导致某些营养性疾病或慢性病的发生。

1. 氨基酸平衡

食物蛋白质营养价值的高低,很大程度上取决于食物中所含的八种必需氨基酸的数量及比例,只有数量及比例同人体的需要接近时,才能合成人体的组织蛋白质,反之则会影响食物中蛋白质的利用。WHO提出了人体所需八种氨基酸的比例,比例越与之接近,生理价值越高。生理价值接近100时,即100%被吸收,称为全部氨基酸平衡。能达到氨基酸全部平衡的蛋白质,称为完全蛋白质。利用这个标准可以对各种事物的蛋白质进行氨基酸平分。鸡蛋、人奶的氨基酸比例与人体极为接近,因此可称为氨基酸平衡的食品。健身运动者由于运动的项目、时间和强度等不同,体内氨基酸消耗也不同,要根据健身者健身运动的情况保持体内氨基酸的平衡。多数食品氨基酸构成均不平衡,所以蛋白质的营养价值就受到影响,如玉米中亮氨酸过高影响了异亮氨酸的利用;小米中精氨酸过高,影响了赖氨酸的利用。因此,在健身者以植物性食物为主的膳食中,应注意食物的合理搭配,纠正氨基酸构成比例的不平衡。例如,将谷物与豆类混食,制成黄豆玉米粉、黄豆小米粉等,可以提高蛋白质的利用率和营养价值。

2. 热量营养素平衡

糖类、脂肪、蛋白质均能给机体提供热量,故称为热量营养素。当这三种物质摄入量适当时,各自的特殊作用方可发挥并互相起到促进和保护作用,这种情况称之为热量营养素平衡。通过动物实验和人体观察可知,糖类、蛋白质、脂肪三者摄入量的合适比例为 6.5∶0.7,这样在体内经过生理燃烧后,分别给机体提供的热量为糖类占 60%~70%、蛋白质占 10%~15%、脂肪占 20%~25%,即称为热量营养素平衡。当膳食中糖类摄入量过多时,热量比例增高,会破坏三者平衡,出现体重增加,消化系统和肾脏负担增加,其他营养素摄入减少。当膳食中脂肪热量提供过高时,将引起肥胖、高血压和心脏病。蛋白质热量提供过高时,则影响蛋白质功能的发挥,造成蛋白质浪费,影响体内氮平衡。相反,当糖类和脂肪热量供给不足时,就会削弱对蛋白质的保护作用。三者之间是相互影响的,一旦出现不平衡,将会影响身体的健康。健身时,要根据各种健身运动的特点,合理补充热量,促进健康水平的提高。

3. 各种营养素摄入量的平衡

各种营养素之间存在着错综复杂的关系,而人所处的生理状态不同、运动形式不同,对营养素的需要量也不同。中国营养学会制定了各种营养素的每日供给量,膳食中所摄入的各种营养素在一定时期内,保持在标准供给量上下误差不超过 10%的范围。保持这种比例,即可称之为营养素间的基本平衡。营养学家建议,每日约摄入 20 多种各类食物 1500 克,才能基本保证平衡膳食的要求。健身者要根据各自健身运动的特点,合理补充各种营养素,以保证健康水平得到提高。

4. 酸碱平衡

正常情况下,人体血液由于某些碱性物质的缓冲,pH 值保持在 7.3~7.4。人们食用适量的酸性食品,将会维持酸碱平衡,但食品若搭配不当,则会引起酸碱失调。常见的酸性食品有蛋黄、大米、鸡肉、鳗鱼、猪肉、牛肉、干鱿鱼、啤酒、花生等。常见的碱性食品有海带、菠菜、西瓜、萝卜、茶叶、香蕉、苹果、草莓、南瓜、四季豆、黄瓜、藕等。当食品搭配不当,酸性食品在膳食中超过所需的数量,导致血液循环偏酸性,血液颜色加深,黏度增加,严重时会引起酸性中毒,同时还会增加体内钙、镁、钾等离子的消耗,引起缺钙,这种现象称为酸性体质,将会影响身体健康。健身者由于经常参加运动,运动后体内会产生许多酸性代谢产物,应该多摄入一些碱性食物,以维持体内的酸碱平衡。

总之,膳食不平衡影响身体健康,严重时还会导致疾病的发生。健身运动只有在膳食平衡的情况下才能增强体能,增进健康,有效防止各种慢性疾病的发生。

第五节 运动饮食的注意事项

合理营养和平衡膳食对促进人体发育、增加身体素质,尤其是体力和耐力,使人在形体训练中发挥最佳状态以及消除疲劳、加速体力恢复都具有非常重要的意义,也是健康身体、优美形态的基本保证。

一、日常合理饮食分配

1. 饮食质量分配

如果训练安排在上午,则早餐食物应具有较高的能量,含有丰富的碳水化合物、磷、维生素和蛋白质,但不可使胃肠负担过重。早餐应少食食物纤维及不易消化的肥肉或脂肪,这些不易消化的食物应放在午餐。晚餐则应食用能量较低,易消化,不含刺激成分的食物,以免影响休息。

如果训练在下午进行,则午餐量不应过多,难消化吸收食物可移到晚餐,部分脂肪含量较高的食物也可放在早餐。

如果训练在晚上进行,则晚餐不应过多,难消化吸收食物可移到午餐,部分脂肪含量较高的食物也可放在早餐。而运动休息之后还可以加食第四餐宵夜,要食用易消化、不含刺激成分的食物。

饮食有节,不喝酒、不抽烟与不吃刺激性食物的良好饮食习惯有利于食物消化吸收,并有利于预防消化系统疾病,从而促进机体功能提高。

2. 营养需要

形体训练、体操等运动项目,要求灵敏和技巧,运动过程中神经系统比较紧张。食物中的总能量虽不太高,但食物中蛋白质、维生素和钙、磷等矿物质应充分,蛋白质食物产热占总能量的15%,脂肪占总能量的20%,维生素B1为4毫克/天,维生素C为140毫克/天,磷为4克/天。

二、运动前饮食的注意事项

进食时间必须与运动训练时间相适应,进食后需要充分休息,建议饮食2小时~2.5小时之后才进行运动训练。

适当调整运动前饮食量,选择食用高糖类,以淀粉类碳水化合物为主,低脂肪,含矿物质和维生素丰富的食物。有不少人错误认为,运动前加强营养是多吃鸡鸭鱼肉,实际上,高脂肪和高蛋白食物难以消化,容易引起疲劳。而运动前加强营养应多增加水果、蔬菜、面包、牛奶、鸡蛋和鱼肉等食物。运动前还应当适量补糖,少量食用咖啡或浓茶,大量补水,避免饮酒。因为咖啡中的咖啡因及茶中的茶碱均有一定兴奋的作用,少量食用能提高运动耐力,促进脂肪利用。而无论白酒、啤酒还是葡萄酒都是脱水剂,饮用以后会导致人体脱水,因此会使人体运动能力下降20%~30%。

三、运动后饮食的注意事项

与运动前饮食注意事项类似,进食时间必须与运动训练时间相适应,运动后应充分休息后才能进食。通常认为,运动结束后至少休息30分钟以上,大量运动后应休息45分钟以上再进食,才能使心肺活动基本稳定,并使胃肠适当休息。

运动后饮食的总原则是应适当摄入食物,补充蛋白质、脂肪和碳水化合物,平衡补充维生素和矿物质,大量饮水作为细胞的补液。需要注意的是,运动结束后进食前这段时间不宜大量饮水,饮水过多会稀释胃液,影响食欲及消化能力,久而久之会形成慢性胃部疾病。此外,不要迷信补品,忌挑食、偏食和零食,忌吸烟和酗酒。

学 法 指 导

（1）学习要点：人体所需的营养素；运动时合理营养的基本要求；营养素的类别及其各自的生理功能；运动前后的饮食注意事项。

（2）延伸学习：减体重期、增体重期的饮食注意事项；航空航天人员营养与饮食特点。

思考与练习

（1）根据"饮食质量分配"的内容，动手绘制示意图或表格。

（2）运动结束后5分钟大量饮水是否正确？为什么？

（3）在运动过程中，人体所需的六类营养素对人体分别产生什么作用？

（4）如果能量的消耗量大于能量的摄入量，人体会出现什么情况？

实践篇

第六章 基本素质练习

学习提示

基本素质练习是形体训练中最重要的内容之一。通过科学、严格、长期的形体素质训练,加强对身体的生物学改造和锻炼,才能改善练习者的形态,提高机体的能力,促进身体正常发育,增强体质,使身体得到全面发展,同时,对练习者的心理、智力、意志品质等方面也具有良好的影响。

从解剖学分析形体训练的基本素质,可将其概括为力量、柔韧性、稳定性、灵敏性、耐力和控制能力、人体的协调性,而其中最重要的是力量和柔韧性,它们的好坏直接影响到形体的控制力和表现力。

柔韧性一般称为软度,指胯部关节的肌肉、肌腱、韧带等软组织的能力。柔韧性训练即软开度训练,是形体训练中的一个重要的部分。柔韧性好坏是由人体各关节的运动幅度大小所决定的。柔韧性强的人,动作幅度大,人体能够俯、仰、盘卷,形体动作有圆有伸,站姿、坐姿和走姿有棱有角,优美动人。

加强柔韧性练习是掌握重心与控制能力的重要条件,它能够增加关节的灵活性,增强肌肉、韧带的弹性和伸展能力,以增大运动时的动作幅度,使举手投足能更舒展、更有效地展示动态美。同时,拉伸练习能有助于肌纤维向纵向发展,使人体更挺拔、更优美。发展柔韧的方法有被动法和主动法两种,可综合采用。其练习部位包括肩部、胸部、腰部和腿部的柔韧性练习。

力量是指身体或身体某部位用力的能力,是肌肉收缩或紧张时所表现出来的。立背需要腰背肌的力量,直膝需要腿肌的力量,绷脚需要小腿及踝关节部位肌肉的力量。透过人体解剖可见:直立时,腹肌、腰背肌、臀肌协同收紧,就如同肌肉制成的两块夹板,将脊柱牢牢固定下来,上体重力集于腰骶处,而使骨盆相对稳定,骨盆稳固使形体动作"上体轻松、下肢自如。"有力量的练习者,练习时速度快、控制力强、弹跳力好,易于掌握较强动作,保持良好的身体形态;力量差的练习者,腿伸不直、踢不高、跳不起来,控制力差,不能稳健地完成动作,体态不利于控制,也不利于保持。

第六章　基本素质练习

力量练习属于形体训练的基本素质练习之一。通过力量练习，可以增加腿部支撑人体站立姿态的能力以及立腰、立背的力量，还可以提高形体姿态的控制能力和举手投足的优美程度，是形体训练的重要内容。在练习过程中，每个动作之间的间歇一般不超过30秒，每组动作之间的间歇一般不超过3分钟。在形体训练中，力量练习有姿态要求，必须具备一定的控制力，其练习部位包括腰腹部、腰背部、臀部和腿部。

通过学习本章内容，应掌握身体各部位力量与柔韧性的练习方法，提高自身肌肉力量与柔韧性。

第一节　手臂、肩部力量与柔韧性练习

手臂、肩部的动作是上体姿态优美的重要部分。在日常生活中，人们通过上肢来完成工作和表达情感，而丰富多彩的上肢动作和造型又是通过手型的变化以及肘关节的屈伸来实现的。经常锻炼上肢，可减少臂部多余脂肪，增强上肢肌肉的力量，使体态更轻盈、更敏捷。柔顺的双臂、灵活的手腕和手指，能给人的体形美增添韵味，能使人的每一个动作产生动态美，因此，上肢是不可缺少的主要练习部位。加强手臂、肩部的柔韧性与力量练习，能进一步提高手臂与肩部的控制力，使形体动作更加舒展优美。

一、手臂力量练习方法

练习一　双臂绕环练习

准备姿势：双腿盘腿坐，双手放于膝盖上，背挺直坐好（图6—1—1）。

训练动作：双手五指张到最大，双臂向外伸到最长，双手手腕立到最高。双臂以肩为轴，经后向前绕环一周（可做大绕环和中绕环）（图6—1—2）。

图6—1—1

图6—1—2

练习二　屈肘练习

准备姿势：双腿盘腿坐，双手握拳放于前，双臂伸直，拳心朝上（图6—1—3）。

训练动作：上臂不动，前臂向上抬起，形成屈肘姿势，拳心对胸（图6—1—4），然后慢慢放下，还原成准备姿势。

练习三　双臂前交手练习

准备姿势：双腿盘腿坐，双手张开交叉于体前，双臂伸直，手心向内（图6—1—5）。

训练动作：双手慢慢向上摆动直至小臂于头顶交叉（图6—1—6），然后慢慢放下，还原成准备姿势。

图 6-1-3

图 6-1-4

图 6-1-5

图 6-1-6

二、肩部力量练习方法

练习一 双肩的提沉练习

准备姿势:双腿并拢直立,双臂自然下垂于体侧。

训练动作:

1～2拍:右肩上提,靠近右耳(图6-1-7)。

3～4拍:右肩下沉,手臂自然下垂。

5～6拍:左肩上提,靠近左耳。

7～8拍:左肩下沉,手臂自然下垂。

也可双肩同时做提沉练习。

练习二 双臂曲肘转肩绕环练习

准备姿势:双腿盘腿坐,双手放于膝盖上,背挺直坐好。

训练动作:双臂屈肘,双手置于双肩,以肩为轴,经后向前绕环一周(图6-1-8)。

图 6-1-7

图 6-1-8

三、手臂、肩部柔韧练习方法

(一) 手臂柔韧性练习方法

练习一　手臂侧伸展练习

准备姿势：双腿盘腿坐，双手放于膝盖上，背挺直坐好。

训练动作：先弯曲右侧手臂，尽量放在头部后侧，左手拉紧右手向左下侧用力拉（图6-1-9）。然后再慢慢放下做左手臂侧伸展练习，动作同右手臂（图6-1-10）。

图6-1-9　　　　　　　　　　　图6-1-10

练习二　双手外推练习

准备姿势：双腿盘腿坐，双手放于膝盖上，背挺直坐好。

训练动作：双手交叉相握在胸前，手心向外并向前直臂拉肩，身体保持不动（图6-1-11），充分伸展后双手回到胸前。也可做双手向上动作，动作同上（图6-1-12）。

图6-1-11　　　　　　　　　　　图6-1-12

(二) 肩部柔韧性练习方法

转肩练习

准备动作：双腿并拢直立，双臂自然下垂于体侧。

训练动作：右（左）肩经前扣，上提后向后绕环一周（图6-1-13）。

双肩经前扣，上提后向后绕环一周（图6-1-14）。

形体训练 实践篇

图6—1—13　　　　　　　　　　　　　　图6—1—14

第二节　胸腹部力量与柔韧性练习

胸部、腹部力量与柔韧练习是形体训练的重要内容之一。胸、腹部力量与柔韧性的强弱,决定一个人形体控制能力的好坏和体型的优美程度。

经常进行胸部锻炼,可使胸廓更好地发育,增大肺活量;进行腹部锻炼,可以防止腹部肌肉松弛、萎缩,消耗多余的皮下脂肪,同时对腹腔和盆腔内的组织器官起到良好的按摩作用,而且强健的腹肌对人体的内脏器官起着很好的支托作用。

一、胸部力量与柔韧练习方法

挺胸练习

准备姿势:坐地,双腿并拢屈膝,脚掌着地,放于体前,身体挺直,收腹、立腰,双臂放于两侧,双手搭在两侧地面(图6—2—1)。

训练动作:抬臀离地,胸尽量向上挺,双肩感觉下压,手脚不离地(图6—2—2),控制数秒,再回到准备姿势。

图6—2—1　　　　　　　　　　　　　　图6—2—2

二、腹部力量的练习

练习一　起双腿交叉练习

准备姿势:身体平躺地面,双手放于身体两侧,双腿并拢绷脚压脚腕。

训练动作:双腿伸直同时起,离地面30°或40°左右,双腿互相交叉进行练习(图6—2—3)。

图6-2-3

练习二 双腿同时起落练习

准备姿势:双臂曲肘着地,身体挺直,双腿并拢绷脚压脚腕。

训练动作:双腿伸直同时起,离地面30°或40°左右,控制几秒钟,再慢慢放下(图6-2-4)。

图6-2-4

练习三 双腿双手同起练习

准备姿势:身体平躺地面,双手放于头部上侧贴于地面,双腿并拢绷脚压脚腕。

训练动作:双腿伸直同时起,同时上身前起,双臂向前平举,尽量接触到脚面,然后再慢慢回原位(图6-2-5)。

图6-2-5

三、腹部柔韧性练习

双腿交替蹬踏式

准备姿势:身体平躺地面,双手枕在后颈处,双腿并拢绷脚压脚腕(图6-2-6)。

训练动作:弯曲双腿,使小腿与地面平行(图6-2-7),先蹬出右腿(图6-2-8),然后再蹬出左腿(图6-2-9),双腿交替进行。

图6-2-6   图6-2-7

图 6—2—8　　　　　　　　　　　　　　图 6—2—9

第三节　腰背部力量与柔韧性练习

腰背部力量的强弱和柔韧性的好坏，直接关系到站立姿势的形成和优美程度，良好的腰背部力量和柔韧性，体现出来的是肌肉结实和弹性，身姿优美的曲线充满动感，给人的感觉是一种充满活力的青春美。因此，在形体训练中，腰背部力量和柔韧性是不可忽视的，是塑造和保持高胸、平腹、细腰体形的关键。经常进行腰背部力量与柔韧性的锻炼，可以预防和矫正含胸、驼背姿势，减少背部多余肌肉，有效防治慢性腰肌劳损，使形体挺拔优美。

一、腰背部力量练习

练习一　下前腰练习

准备姿势：开立，双臂上举。

训练动作：双腿分开站立与肩同宽，双臂上举高于头顶，抬头看前方，身体挺直，然后上体前屈下前腰，双臂在体前下压，双手按于地面，感觉用小腹去贴大腿，注意双膝伸直，上身尽力与腿相贴（图6—3—1）。

练习二　双人腰背练习

准备姿势：训练者A俯卧于地面，双臂双手放在腰背上，双腿伸直，辅助者B跪坐姿态，双手压住A双脚（图6—3—2）。

训练动作：上体尽量向上直起练习（图6—3—3），然后再回俯卧姿态，反复进行练习，可增强腰背部力量。

图 6—3—1

图 6—3—2　　　　　　　　　　　　　　图 6—3—3

练习三　膝后抬练习

准备姿势：俯卧，双手放于身体前，上身抬起（图6—3—4）。

训练动作：

1～2拍：右腿慢慢抬起（图6—3—5）。

3～4拍：右腿保持离地面的姿态，然后向上屈腿（图6—3—6）。

5～6拍:右腿保持离地面的姿态,然后慢慢伸直。

7～8拍:右腿慢慢放下。

左腿动作同上。

图6-3-4　　　　　　　图6-3-5　　　　　　　图6-3-6

二、腰背柔韧性练习

练习一　单臂抬练习

准备姿势:俯卧,身体抬起,双手放于体前。

训练动作:右手和左腿同时向上抬起(图6-3-7)。右手和左腿慢慢同时放下。左手和右腿训练方法同上。

图6-3-7

练习二　附撑后仰

准备姿势:俯卧,身体抬起,双手支撑在地面上(图6-3-8)。

训练动作:慢慢地让头部向后仰(图6-3-9)。

图6-3-8　　　　　　　　　　　图6-3-9

练习三　下前腰抱腿练习

准备姿势:双脚分开站立。

训练动作:上身下前腰,小腹去贴大腿,双臂尽力抱住双腿(图6-3-10)。

图6-3-10

第四节 臀部力量与胯部柔韧性练习

臀部与胯部柔韧性练习是形体美的基本练习之一,是增强整体柔韧性和全身协调性的重要环节。胯部柔韧性的优劣,直接影响动作的舒展与优美程度。同时,通过胯部柔韧性练习也可以塑造臀部线条。经常进行胯部和臀部锻炼,可提高胯部的灵活性,减少臀部脂肪堆积,使臀位上提,臀部肌肉紧而富有弹性,有利于获得优美的形体。

一、臀部力量练习

练习一 仰卧举腿练习

准备姿势:仰卧,双腿屈膝,脚掌着地,双手放在身体两侧贴于地面(图6—4—1)。

训练动作:身体后翻,双腿屈膝并拢,膝盖尽量靠近头顶,在半空形成控制动作(图6—4—2)。

图6—4—1

图6—4—2

练习二 抬臀练习

准备姿势:仰卧,双腿屈膝,脚掌着地,双手放在身体两侧贴于地面。

训练动作:双肩撑地向上抬起臀部(图6—4—3),在空中停留数拍,然后慢慢放下。

图6—4—3

练习三 侧抬腿练习

准备姿势:跪姿,双掌撑于地面,目视前方(图6—4—4)。

训练动作:左腿伸向左侧,慢慢抬起直至与上身垂直,然后慢慢放下(图6—4—5),换右腿,重复上述动作。

图6—4—4

图6—4—5

二、胯部柔韧性练习

练习一　双人、单人开胯练习

准备姿势：练习者 A 坐地，两腿向侧屈膝，脚心相对，双手握住踝关节，辅助者 B 站在练习者的身后，双手放在练习者背上。

训练动作：辅助者 B 向下压练习者 A 的背部，辅助者的双脚可踩在练习者的双腿上，使练习者的胸、腹、头尽量贴近地面（图 6－4－6）。

注意事项：练习辅助者 B 双腿踩在练习者 A 腿上时，要看练习者 A 的腿部承受能力，切不可过猛，以免对 A 造成伤害。

提示：这组动作也可单人做开胯练习，动作同双人练习。

图 6－4－6

练习二　双人对坐开胯练习

准备姿势：练习者 A 和辅助者 B 双人相对而坐，两人双腿都向两旁伸出，尽量打开，两人的双脚对齐贴住，上身保持端正姿势，双手放于身后（图 6－4－7）。

训练动作：练习者 A 和辅助者 B 慢慢向内靠拢，两人双手放于对方背上，尽量向里拉，双脚尽量向外打开（图 6－4－8），控制数秒。

图 6－4－7

图 6－4－8

练习三　左右摆胯练习

准备姿势：双脚打开与肩同宽，身体挺立，双手叉腰（图 6－4－9）。

训练动作：

1 拍：右腿屈膝内扣，重心移至左腿，胯向左顶出，同时上体向右侧曲，右肩下压（图 6－4－10）。

2 拍：左腿屈膝内扣，重心移至右腿，胯向右顶出，同时上体向左侧曲，左肩下压。

第 2 拍动作同第 1 拍动作相反。

图 6－4－9

图 6－4－10

练习四　前后提胯练习

准备姿势：双脚打开与肩同宽，双膝微曲，上体挺立，双手叉腰（图6—4—11）。

训练动作：

1～2拍：双腿微屈，臀部肌肉收紧向前顶，胯的下部前摆上提，髋口朝后（图6—4—12）。

3～4拍：两腿不动，胯的下部后摆上提，髋口朝前，塌腰（图6—4—13）。

5～8拍：重复1～4拍动作。

图6—4—11　　　　　图6—4—12　　　　　图6—4—13

第五节　下肢力量与柔韧性练习

下肢练习是基本功训练的主要部分，重点是加强髋关节、膝关节、踝关节的坚固性和灵活性，以提高站立姿态的腿部支撑能力和体型的优美程度。

经常进行腿部练习，可以保持腿部围度适中，减少腿部脂肪堆积，加强腿部肌肉力量，使体形更为优美，使步伐永远充满青春活力。

一、腿部、踝部力量练习

（一）腿部力量练习方法

练习一　地面踢前腿

准备姿势：仰卧，双臂侧平举，手心向下贴于地面，双腿伸直并拢，双脚成小八字位绷脚，整个身体舒展地贴在地面上，控制身体的稳定。

训练动作：右腿绷脚，向上踢起，感觉右脚向头部踢去，左腿不动，身体其他部位贴住地面不动（图6—5—1），然后慢慢放下。换左腿，重复上述动作。

注意事项：踢腿时，用脚背带动大腿踢起，而且速度要快，有一定的爆发力。然后右腿直腿下落回原位，要有控制地轻落地，两拍一次。

图6—5—1

练习二　地面旁踢腿

准备姿势：身体侧卧，身体里侧手臂上举，手心向下贴于地面，另一只手臂屈肘放在体前，手心向下扶住地面，保持身体平衡。身体外侧的一条腿尽力外旋，膝盖、脚面向上。

训练动作：右腿绷脚，向上旁踢腿，感觉右脚向同侧肩、耳踢去，左腿不动

(图6—5—2),然后慢慢放下。换左腿,重复上述动作。

注意事项:踢腿时,臀部不要后翘,身体保持一条直线,髋关节正位开胯,而且速度要快,有一定的爆发力。然后右腿直腿下落回原位,要有控制地轻落地,两拍一次。

练习三 地面后踢腿

准备姿势:左腿跪立,右腿向后伸直,绷脚面点地,上身前俯双手撑地,抬头目视前方。

训练动作:左腿向后上方出踢(图6—5—3),然后还原成准备姿势。换右腿,重复上述动作。

注意事项:踢腿时,膝盖要伸直不能弯,肩、髋要正,抬头挺胸、塌腰。

图6—5—2

(二)踝部力量练习

双脚交换下压

准备姿势:身体挺直,收腹、立腰,双腿并拢伸直,绷脚压脚腕,双臂放于两侧,双手搭在两侧地面(图6—5—4)。

图6—5—3

训练动作:右脚尽量向上勾起,感觉脚踝有些酸(图6—5—5),然后还原成准备姿势。换左脚,重复上述动作(图6—5—6)。

图6—5—4

图6—5—5

图6—5—6

二、腿、脚部柔韧性练习方法

(一)腿部柔韧性练习方法

练习一 下叉

准备姿势:坐立。

训练动作:一腿在前伸直,绷脚,大腿尽力外旋,右脚尖与两肩成垂直线,与鼻尖对齐,左腿绷脚向体后伸直,后腿、膝与脚面向外展,两腿平贴于地面成一直线(图6—5—7)。然后上身前俯,用小腹和下巴贴前腿,双手抱前腿伸拉前韧带(图6—5—8)。

图6—5—7

图6—5—8

练习二　地面旁压腿

准备姿势：坐立,右腿向右侧伸直绷脚,脚面与膝盖向正上方,脚尖与右耳对齐。左腿屈腿贴于地面,左腿放在体前,贴近身体,左右腿尽量开胯,双手放于体前(图6—5—9)。

训练动作：上身向右侧下旁腰,感觉用右肩、右耳去够右腿,左手在头上方也用力去够右腿(图6—5—10),控制数秒,然后直身。

注意事项：左膝不要离地,左手够不着右腿没关系,但是一定要保持正确姿势。

图6—5—9

图6—5—10

(二) 脚面柔韧性练习方法

练习一　脚面韧带练习

准备姿势：半蹲,两手体前撑地。

训练动作：双手撑于地,双膝离地抬起,大腿尽量贴于前胸,脚面绷直随同离地,脚趾不动,使脚趾根至脚尖完全贴靠在地面上。用身体重心下压脚面韧带,脚面要绷直前顶(图6—5—11)。控制一会,脚面会有酸痛感。

注意事项：双脚内侧要紧紧靠在一起,脚面与地面角度越大越好。

练习二　转脚腕练习

准备姿势：身体挺直,收腹、立腰,双腿并拢伸直,绷脚压脚腕,双臂放于两侧,双手搭在两侧地面(图6—5—12)。

图6—5—11

训练动作：双脚向里绕圈,脚腕尽量立起,然后踝关节尽力向脚的外侧横展,成勾脚(图6—5—13),再外侧下压,最后回原位。

图6—5—12

图6—5—13

学法指导

(1) 学习要点：身体各部分肌肉力量与柔韧性的锻炼方法。

(2) 延伸学习:除了以上介绍的肌肉力量与柔韧性的锻炼方法,你还知道其他方法吗?

思考与练习

(1) 进行肌肉力量与柔韧练习时要注意什么?
(2) 隔天锻炼一次你的肌肉力量,坚持每天练习柔韧性,保持健美体型。

拓展训练

1. 肌肉力量的锻炼方法

1) 复合组俯卧撑(水平,上斜,下斜)

练习肌肉:胸肌、肩三角肌、上背肌、肱三头肌。

练法:三组连续做,组间只有变换姿势时的停顿。

(1) 标准俯卧撑。两手撑地同肩宽,腿与背伸直,两脚并拢,臂伸直,锁肘关节。眼向前看,不要看地,下降身体至胸几乎触地,保持背挺直,然后有控制地推起身体恢复起始姿势。注意动作节奏。

(2) 上斜俯卧撑。两手撑在50厘米~70厘米高的长凳上,身体下降至胸与手平行,再用力撑起。这个练习主要是练胸肌下部。除了长凳,也可以把手撑在健身球上做,这样难度更大,因为更多的肌肉会参与保持平衡,包括腰腹肌。

(3) 下斜俯卧撑。两脚放在长凳上支撑,手置于地上。下降身体至胸几乎触地后推起。这种练法主要针对胸肌上部与肩肌前部。也可以用健身球代替来增加躯干肌肉的参与。

2) 强力俯卧撑

练习肌肉:胸肌、肩肌、上背肌、肱三头肌。

练法:起始姿势与标准俯卧撑相同,但是在右手置于地面的同时,左手放在一个大约20厘米高的支撑物上。慢慢下降身体直到左肩靠近左手,然后用爆发力撑起身来,使双手有一个短暂的腾空。在双手腾空的瞬间身体稍向左转,使左手落到地面,而右手落在支撑物上。

3) 俯卧撑转体

练习肌肉:肩三角肌后束、腰侧肌、腰背肌下部。

练法:起始动作与标准俯卧撑相同。在撑起身体,两臂伸直后身体向右旋转,右臂上举,同时眼睛也随着右臂的动作向右上方看,短暂停顿后恢复开始姿势,换做另一侧。

4) 肱三头肌俯卧撑

练习肌肉:手臂肱三头肌。

练法:与标准俯卧撑做法相同,但两手并拢支撑并有一点内旋,使得拇指与食指形成一个三角形,这就改变了肱三头肌的负重。

仰卧,腹部与大腿呈90°,大腿与小腿呈90°,身体呈飞鱼形状,小腿下可垫上东西,这个动作看起来很简单,但要能真正获得最好的训练效果,就必须做到以腹部肌肉群的收缩力,带动腹部肌肉压缩。动作很短促,做的时候上背部离开地面,但下背部仍紧贴地面。动作只是腹部的压缩,带动脊柱骨弯曲,使胸肋骨紧贴骨盆,使腹部肌群处于"顶峰收缩"状态,稍停,然后再以腹部肌群的紧张力控制住,慢慢地使脊柱骨逐渐伸展。还原。

提示:仰卧起坐可以锻炼你的腰力和腹肌,坚持每天20个,到了后期适量增加,但是不要超过增加承受的范围。

注意:两手的位置对腹部收缩的压力大小有直接的影响。

一般有如下三种不同的安放位置:

(1)两手自然伸直平放在体测(易);

(2)两手部交叉互抱于胸前(中);

(3)两手置于颈后(难)。

2. 关于仰卧起坐的三个误区

误区一 有些人没有时间到健身房去锻炼,会选择在家里做一些基础而有效的简单锻炼,希望能达到减肥的作用。仰卧起坐就是许多人选择的一种方式,很多人以为只要坚持做,就能达到减肥的目的。

纠错 单纯依靠仰卧起坐只能达到局部的健身效果,因为仰卧起坐直接针对的是腹部肌肉群,长期锻炼的效果可能使腹部肌肉力量加强,但是身体其他部位,如大腿、臀部等得到的锻炼就比较少。所以,要注意的第一点就是要把仰卧起坐和其他健身方式有效地结合起来,这样才能达到身体的完美塑型的效果。

误区二 通常,许多人仰卧起坐做得又快又猛,以为这样是腹部肌肉力量加强的表现,其实这么做很容易让腹部肌肉拉伤。

纠错 正确的做法应该是双手交叉抱于胸前,起坐时控制着腹部发力,或者加大难度,把双手叠放在脑后,尽量展开双肘,这样才能达到锻炼效果。

误区三 许多人在做仰卧起坐的时候,身体会不自然地向某一个方向偏离。这样做是错误的,会让腹部肌肉锻炼得不均匀,使身材走形。

纠错 应该尽量控制起卧的方向,不要偏离直线,而且速度要放慢,以锻炼腹部肌肉的控制能力,最好在起来时用心感觉一下腹部肌肉的运动状况。

第七章　基本姿态控制练习

学习提示

　　形体美是一个由多种要素有机组合而成的整体性的动态系统，它体现在肢体比例适度，肌肉均衡、身体丰满、皮肤健康、色泽柔润，体态、身姿优雅四个方面，它们相互作用，相互影响，相映成辉，形成形体的动态美感。而优雅的体态和身姿离不开对身体各部位形态的基本训练，在现实生活中只有进一步改变身体形态的原始状态，提高形体动作的灵活性，才有可能增强站立姿态(简称站姿)、行走姿态(简称走姿)、坐立姿态(简称坐姿)、蹲立姿态(简称蹲姿)的规范，从而获得健康、自然、匀称、美丽的身材，以及结实而富有弹性的肌肉和充满动感的曲线。形体美的锻炼首先要从最基本的姿态开始，它包括站姿、走姿、坐姿，而正确的姿势，不仅使内脏能进行平衡的活动而对人的健康有益，而且能对人们的社会活动产生积极的影响。若姿势不好，就会给人没有朝气或不可信赖的印象，从而影响工作或事业成功。

　　基本姿态控制是调整形体的基础练习，是改善和提高人体形态控制能力的重要内容。基本姿态控制练习动作难度不大，但必须使动作规范，从严要求，持之以恒，这样才能达到效果。

　　本章要求通过对各种基本姿态的训练，掌握各种基本姿态的动作要领和不同形式的站、走、坐、蹲的姿态，并能发现自己的错误，纠正不良体态，养成良好的习惯，为将来的各项工作打下基础。

第一节　站立姿态

　　站立姿态的训练主要是进行站姿的基础训练，重点是提高练习者在各种情况下保持良好的身体形态的能力。

　　站姿是否正确、优美、挺拔，主要受人体脊柱的影响，同时与骨盆位置是否正确也有直接关系。正确的站姿要求练习者既要保持头颈部位、胸腰部位正确的感知觉，使脊柱周围屈伸肌群均匀地收缩，以维持和固定脊柱的正常生理弯曲，又要使下肢部位充分伸展并保持必要的平衡，通过腹部和臀部肌肉的正确用力，使骨盆保持在正确的位置上。站姿练习是一个综合性的练习，是身体各部位感知觉练习效果的综合体现，练习者从中可体会到正确的站立感觉，从而显示出人体的曲线美和高雅的气质。

一、站姿基本要求

站姿基本要求指的是人们在自然直立时的正确姿势,站姿总的要求是"正看一个面,侧看一条线"。它的标准主要是正和直,即从人身体的正面来看,主要特点是头正、眼正、肩正、身正;从人身体的侧面来看,主要特点是颈直、背直、腰直、臂直、腿直。

二、保持标准站姿的要领

人在站立时头部要抬起,下颌微收,双眼平视,面带微笑。颈部挺直,双肩舒展、齐平。面部和身体朝向正前方,胸要微挺,腹部自然地收缩。腰部直立,臀部上提,挺直背脊,双臂自然下垂,双腿并拢立直。采取这种站姿,会表现出女性的恬静、端庄的阴柔美,男性的刚健、威严的阳刚美。

在站立时身体要保持直和高。直,就是脊柱尽量与地面垂直。高,就是身体重心要尽量提高,两腿不宜分得过开。同时,还要注意收腹收臀,提气拎腰,使身体的重心尽量向上拔高。重心向上就显得精神饱满,风姿绰约;重心偏低的就会显得衰老和懒散。

三、在不同行业服务中的几种规范站姿(空乘、航空地面服务、其他服务类等)

不同的工作岗位对站姿有不同的要求,但任何一种形式的站姿都是在基本站姿的基础上变化的,服务人员在实际中应选择适合的站姿来为客人服务。

服务工作中常见的站姿有以下几种。

1. 侧放式站姿(图7—1—1)

侧放式站姿是男女通用的站立姿势。其要领是:脚掌分开呈V字形,脚跟靠拢,两腿并拢立直,双臂放松,自然下垂于体侧,虎口向前,手指自然弯曲。

2. 前腹式站姿

1) 站姿一

要领是:脚掌分开呈V字形,脚跟靠拢,两腿并拢立直,两手握指交叉于腹前。这是女性常用的站姿,同图7—1—2,唯脚呈V字形。

图7—1—1

图7—1—2

2) 站姿二(图 7—1—2)

要领是:两脚脚尖向外略展开,一脚在前,将一脚跟靠于另一脚内侧前端,形成"丁"字,两手握指交于腹前,此站姿又称丁字式站姿,是只限于女性使用的站立姿势。

3. 后背式站姿(图 7—1—3)

后背式站姿是男性常用的站立姿势。

要领是:两脚打开,略窄于肩宽,两脚平行,身体立直,身体重心放在两脚上,两臂肘关节自然内收,两手相握放在后背腰处。

4. 单臂式站姿(图 7—1—4)

单臂式站姿是男女通用的站立姿势。

图 7—1—3

图 7—1—4

要领是:因工作的需要,选择将两脚打开或成丁字步,工作中常见到的是左臂单臂后背,右手来完成如斟酒服务等工作。

站立太累时,可变换为调节式站姿,即身体重心偏移到左脚或右脚上,另一条腿微向前屈,脚部放松。无论转变成何种站姿,都要注意做到"万变不离其宗",即不能离开站姿的基本要领。

四、克服几种不良站姿

站姿不良。指的是人们在生活或者工作中不应当出现的站姿,因此要尽量注意避免以下一些不良的站姿出现。

(1) 头。头部左、右歪斜或低头、仰头,左顾右盼,东张西望。
(2) 肩。肩不平,身体不正,含胸或过于挺胸。
(3) 手。手臂插兜或叉腰,双臂交叉抱于胸前,手腕抖动。
(4) 腰、背。腰部弯曲,背部弓起,腹部挺出。
(5) 腿。弯曲,抖动,交叉,叉开过大。
(6) 脚。内八字或外八字,蹬踏,抖动。

同时,还有趴伏倚靠、半坐半立、浑身抖动、身体歪斜等不良站姿。

五、站姿的控制练习

1. 靠墙立(7—1—5)

在立正姿态的基础上,双腿夹紧,收腹,挺胸立腰,立背,紧臀,双肩后张下沉,下颌略回收,头向上顶,脚跟、腿、臀、肩胛骨和头紧靠墙。此练习是借助于墙的平面来培养和训练站立时上体挺拔,保持头、躯干和腿在一条垂线上的良好习惯,一次控制4×8个拍,反复做8~10次。

2. 分腿立(图7—1—6)

两腿在小八字立的基础上分开与肩同宽,双手叉腰,双肘微向前扣,收腹,挺胸,立腰,立背,双肩后张下沉。此练习主要训练臀、腹及上体的正确感觉,夹臀与收腹同时进行。

图7—1—5　　　　　　　　　　图7—1—6

3. 单腿立

在保持正确立姿的基础上,一腿支撑,另一腿屈膝上抬绷脚尖,贴于支撑腿,双手叉腰,上体微微向侧转。此练习主要训练腿的挺直与控制力。

4. 双手叉腰,前、侧、后点地练习(图7—1—7)

在基本站姿的基础上,保持上体形态和重心稳定,双腿伸直;前点地和后点地时动作力求绷脚尖,脚面外翻;开胯侧点时,脚面向侧绷脚尖点地。每做一个方向的点地,都是先擦地出去,控制1个8拍后换方向练习,反复8~10次。此练习主要训练腿的控制能力和重心的稳定性。

前点地　　　　侧点地　　　　后点地

图7—1—7

5. 移重心站姿练习(图7—1—8)

1×8拍1~2拍,双腿屈膝,向前移动重心。

第七章 基本姿态控制练习

3~4拍,呈右脚在前直立,左脚后点地姿势。

5~8拍,同3~4拍。

2×8拍,同1×8拍,但方向相反。

3×8拍,右脚1~2拍,向侧擦地或侧点地,3~4拍,动作同1~2拍,但方向相反,5~8拍,双腿半蹲,两手叉腰。

4×8拍同3×8拍,但反向相反。反复练习6~8次。

此练习主要训练在移动时腿的控制力和身体的正确姿态。

图 7-1-8

拓展训练

(1) 面向镜子,按照动作要领体会站立姿势。

(2) 头顶可放本书,练习颈直和头颈部的稳定性。

(3) 靠墙站立或两人一组背靠背站立,要求脚跟、小腿、双肩、后脑勺都贴紧墙或另一个人,练习身体直立,腰身挺拔。

以上训练每次应坚持30分钟左右,女性穿半高跟鞋进行练习,以增强训练的实效性。训练时,可以配上优美的音乐,有利于保持愉快的心境,塑造自然的笑容,减轻单调、疲劳之感。

第二节 行走姿态

行走是以文雅、端庄的站姿为基础的,是人的基本动作之一,是人体最自然、最频繁的一种周期性的位移运动,属于动态姿势,具有节奏感和流动感。行走姿态的好坏,能直接反应一个人的健康状况、气质、文化修养和审美层次,良好的姿态虽然有一定的遗传,但关键在于后天的培养和训练。只有通过专门训练,增强腰、背、胸、腿、手臂的力量和控制能力,改进原始自然行走状态,才能使行走的姿态更规范、更优美、更有风度。

一、走姿规范的标准

正确的走姿基本要领是:步履自然、稳健,抬头挺胸,双肩放松,提臀收腹,重心稍向前倾,两臂自然摆动,目光平视,面带微笑。

走路时用腰力,要有韵律感。走路时腰部松懈,会有吃重的感觉,不美观;拖着脚走路,更显得难看。走路的优美姿态应以胸带动肩轴摆,提髋提膝小腿迈,跟落掌接趾推送,双眼平视背放松。走路的美感产生于下肢的频繁运动与上体稳定之间所形成的对比和谐,以及身体的平衡对称。

(一)男士走姿标准

男士在行走中要注意挺胸、收腹、抬头平视,这样全身成一条直线,给人以精神振奋之感。行走时双肩平行,脚掌朝前,步幅与身高相适应。身体的重心点落在前脚的大脚趾和二脚趾上。不要摇晃上体,两臂要自然地前后摆动与脚步节奏吻合(图7—2—1)。

(二)女士走姿标准

女士在行走时要注意走直线,身体平直,步幅不要太大,以不超过腿长的1/3为佳。起步时,胸部要向前挺出,千万不要给人一种让脚拖着全身向前的感觉。迈步时,脚尖要避免内八字和外八字步。迈步时,脚跟要先着地,双手前后自然摆动,注意身体摆动的幅度不要过大(图7—2—2)。

图7—2—1

图7—2—2

(三)穿平跟鞋的走姿标准

女士在行走时要注意身体平直,步幅不要太大,穿平跟鞋时,步幅可稍大些。

(四)穿高跟鞋的走姿标准

两腿迈步要自然、轻柔、飘逸、轻盈、匀称,两腿并拢,走路时膝盖正对前方,两脚微向外展,落地时脚跟先着地,双腿几乎踏在同一条直线上,显示出女人端庄、文静、温柔、娴雅的窈窕美,给人一种轻、灵、巧的美感。标准的步幅是:前脚迈出一步落地时,脚跟离后脚尖恰好是一只脚的长度。当然也不能"一刀切",身材修长,腿也会长些,步幅自然大些;身体玲珑,步幅也就小些。穿高跟鞋的女人,步幅则宜"纤纤作细步";穿平跟鞋的女人,步幅则会大些。只有这样才显得娉婷、婀娜多姿。

二、不良走姿

行走时要防止八字步,不要低头驼背、摇晃肩膀、双臂大甩,不要扭腰摆臀、左顾右盼,脚不要擦地面。以下是不雅观的走姿应注意克服。

(1) 肚子腆起,身体后仰。
(2) 脚尖出去方向不正,呈明显的外八字脚或内八字脚。
(3) 两脚不落在一条直线上,明显地叉开双脚走。
(4) 迈大步,身子上下摆动,像鸭子一样。
(5) 双手左右横着摆动,像小学生走"一二一"。
(6) 腿部僵直或身子死板僵硬。
(7) 只摆动小臂。
(8) 脚步拖泥带水,蹭着地走。
(9) 耷拉眼皮或低着头走。
(10) 在正式场合,手插在口袋、双臂相抱、倒背双手。
(11) 不因场地而及时调整脚步的轻重缓急,把地板踩得"咚咚"作响。

研究表明,不良的走姿,给人体的健康和发育造成不良的影响,而优美的步态给人的身心健康带来更大的益处。

三、行走礼仪规范

(1) 走路要抬头挺胸、目视前方,肩臂自然摆动,步速适中,忌八字步、摇摇晃晃。
(2) 上下楼梯、过楼道要靠右行,纵队排列,而不要并排行走。不拥不抢,不在楼梯上打闹。出入教室、办公室时要轻声慢步,不影响他人。
(3) 遇到熟人要打招呼,互致问候,不能视而不见;需要交谈时,应靠路边谈话,不能站在道路当中或人多拥挤的地方。
(4) 在公路上应靠右边行走;过公路时应左右看车,不得快速奔跑。
(5) 在狭窄的道路上应互相礼让,主动给长者、残疾人让路。
(6) 向别人打听道路,先用礼貌用语打招呼,然后再问路;听完回答之后,一定要致谢。

四、走姿控制练习

不良的走姿绝大多数是后天不良习惯形成的,但要有毅力,如坚持不懈地练习,是完全可以改变的。在体现步态美的诸多因素中,除了颈、肩、腰、四肢等有正确的姿势外,脚踝起着极其重要的作用,但常常被人忽视。脚踝对人体起着支撑、维护平衡和缓冲的作用,拥有一双稳固、灵活而强有力的脚踝,走起路来才能支撑有力,步履优美稳健,灵活自如。因此,加强脚踝的力量练习,提高脚踝的灵活性,对于矫正走姿和体现步态美是非常必要的。

(1) 坐在椅子上,用脚趾夹起地上的小卵石或笔,抛向远处。

(2) 站立提踵或负重提踵。用力跷起脚尖,膝关节伸直,尽量提起脚跟至最大限度,然后脚跟下落还原。可连续做,或提踵后稍停顿再继续做,做25次～30次后放松。

(3) 足尖、足跟、足外侧交替走。直立,双手叉腰,用足尖、足跟、足外侧交替行走,膝关节伸直,每个动作走5米～6米后放松。

(4) 垫上练习。

① 脚背屈伸练习。直角坐,双手撑地,两腿并拢伸直,脚背屈伸。

② 脚踝绕环练习。姿势同上,两脚由内向外,或由外向内绕环,绕环时脚踝幅度尽量加大。

(5) 平衡感训练。练习平衡感是为了在走路时让背部挺直,使上半身不摇晃。练习时,在头顶放一个小布垫,眼睛看前方。

(6) 修正线条训练。进行修正线条训练时,可用一条5厘米宽的长带放在地上,首先踏出一步注意此时只有脚跟内侧踩到带子,接着让大脚趾也踩在带子上。另外一脚也以同样的方法踏出,必须记住只能踏到带子边缘,使双脚呈倒八字形,以脚掌内侧接触带子。此外,还需避免翘着臀部走路。

以上动作若有音乐伴奏,则练习效果更好,练习的次数及距离因人而异,只要持之以恒,就定能使步态更健美,走出美的神韵、健的风采。

第三节 坐 姿

坐姿美是体现形体美的重要组成部分,也是个性、气质、风度、修养及健康的一种表征。如果有一付漂亮的面容和优美的体型,再加上端庄、大方的坐姿,更能增添魅力。良好的坐姿对保持健美的形体大有好处。

一、规范的坐姿标准

入座后,上体保持自然挺直,肩部放松。两臂自然下垂,高度相同,或两臂屈放在桌面,或小臂平放在座椅两侧的扶手上;也可轻轻放在两膝上,或两手相交握放在膝上。颈部梗直前倾。两膝自然弯曲,大腿保持在水平部位,两脚掌均匀着地。臀部坐在椅子的中后部,腰部始终要挺直,也可使颈、胸、背、腹、腰等部位的肌肉得到锻炼。

(1) 挺腰,收腹,双膝紧靠,脚尖朝外。

(2) 坐下时,可采用双腿交叠斜放的姿势。方法是:膝盖不可往上举,一腿横向斜靠拢于另一腿上,这种坐姿相当优雅。

(3) 伸出下巴,拉长颈部。

二、几种规范的坐姿

1. 女士的几种规范坐姿

优雅的坐姿传递着自信、友好、热情的信息,同时也显示出高雅、庄重的良好风范。我们经常会见到一些不雅坐姿,如两腿叉开,腿在地上抖个不停,而且腿还跷得很高,让人实在不敢恭维。女士应在站立的姿态上,后腿能够碰到椅子,轻轻坐下来,两个膝盖一定要并起来,腿可以放中间或放两边。如果想跷腿,两腿需并拢,假如穿的裙子较短,一定要小心盖住。一些经常走动工作或要上高台坐下的女士,都不适合穿太短的裙子,并且不能两腿分开。女士的几种规范坐姿如图7-3-1所示。

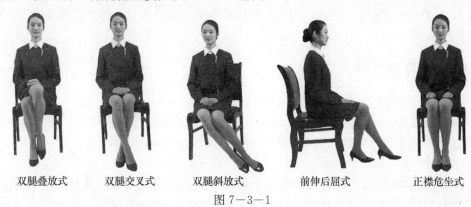

双腿叠放式　　双腿交叉式　　双腿斜放式　　前伸后屈式　　正襟危坐式

图7-3-1

2. 男士的几种规范坐姿

男士坐姿讲究稳重感。一个有风度的男人,其基本的坐姿应该是上体挺直、肩平头正、目光平和,坐立的时候还要注意双腿分开的宽度不要超过肩膀的宽度,两脚保持平行,两手自然放置(图7-3-2)。

图7-3-2

三、不雅的坐姿

在别人面前落座时,一定要遵守律己敬人的基本规定,避免以下一些不雅的坐姿。

(1) 双腿叉开过大。双腿如果叉开过大,不论是大腿叉开还是小腿叉开,都非常不雅。

(2) 架腿方式欠妥。坐后将双腿架在一起,应有正确的方式:两条大腿相架,并且一定要使两腿并拢。如果把一条小腿架在另一条大腿上,两腿之间还留出大大的空隙,就显得有些放肆了。

(3) 双腿直伸出去。这样既不雅观也会防碍别人。身前如果有桌子,双腿尽量不要伸到外面来。

(4) 将腿放在桌椅上。有人为图舒服,喜欢把腿架在高处,甚至抬到身前的桌子或椅子上,这样的行为是非常粗鲁的。把腿盘在座椅上也不妥。

(5) 抖腿。坐在别人面前,反复抖动或摇晃自己的腿部,不仅会让人心烦意乱,而且也给人以极不安稳的印象。

(6) 脚尖指向他人。不管具体采用哪一种坐姿,都不要将脚尖指向别人,因为这一做法是非常失礼的。

(7) 脚踩他物。坐下来后,脚部一般都要放在地上。如果用脚在别处乱蹬乱踩,是非常失礼的。

(8) 用脚自脱鞋袜。在外人面前就座时,用脚自脱鞋袜显然是非常不文雅的。

(9) 手触摸脚部。就座以后用手抚摸小腿或脚部,既不卫生也不雅观。

(10) 手乱放。就座后,双手要放在身前,有桌子时放在桌上。单手、双手放在桌下,或是双肘支在面前的桌子上、夹在两腿间都是不允许的。

(11) 双手抱在腿上。双手抱腿,是一种惬意、放松的休息姿势,在工作中是不可以的。

(12) 上身向前趴伏。坐后上身趴伏在桌椅上或本人大腿上,都仅能用于休息,而不要在工作中出现。

四、坐姿控制练习

1. 盘腿坐(地面)

中心落在臀部上,挺胸收腹,立腰提气,肋骨上提,头颈向上伸,微收下颌,两腿弯曲,两脚脚心相对盘于腹前,双肘放松,手腕搭于膝上,也可以双手背于身后。

2. 正步坐

上体姿势同盘腿坐。两脚并拢,脚尖正对前方,两膝稍稍分开,两臂自然弯曲,两手自然扶于大腿处,上体正直,微向前倾,肩放松下沉,立腰,头、肩、臀应在一条线上。

3. 侧坐

上体姿势同盘腿坐。上体微向侧转,两臂自然放松,扶于腿处,两腿弯曲并拢,双膝稍移向一边,靠外侧的脚略放在前面,这样臀部和大腿看起来比较苗条,给人以美的感觉。

第四节 蹲 姿

蹲姿是常见的一种姿态,如站久了,一般都会用蹲姿缓解一下。蹲姿和坐姿不同,但都是由站姿或走姿变化而来的相对处于静态的体位。

一、几种规范的蹲姿

1. 高低式

高低式蹲姿如图7-4-1所示,它的基本动作是,双膝一高一低。要求在下蹲时,左脚在前,右脚稍后。左脚应完全着地,小腿基本上垂直于地面。右脚脚掌着地,脚跟提起。这时右膝低于左膝,右膝内侧可以靠在左小腿内侧,形成左膝高右膝低姿态。女性应靠紧两腿,男性可以适度地分开。臀部向下,基本上以右腿支撑身体。一般情况下,高低式蹲姿会被广大的服务人员采用。而男性服务人员在工作时选用这一方式,往往更为方便些。

2. 交叉式

交叉式蹲姿(7-4-2)通常适用于女士,特别是穿短裙的女士,优点在于造型优美典雅。基本特征是蹲下后双腿交叉在一起,即右脚在前,左脚在后,右小腿垂直于地面,全脚着地。右腿在上、左腿在下,两腿交叉重叠。左膝由后下方伸向右侧,左脚脚跟抬起,脚掌着地。两腿前后靠近,合力支撑身体。上身略向前倾而臀部朝下。

3. 半蹲式

半蹲式蹲姿一般是在行走时临时采用。它的正式程度不及前两种蹲姿,但在需要应急时也采用。基本特征是身体半立半蹲。要求在下蹲时,上身稍许弯下,但不要和下肢构成直角或锐角;臀部务必向下,而不是撅起;双膝略为弯曲,角度一般为钝角;身体的重心应放在一条腿上;两腿之间不要分开过大。

图 7-4-1

图 7-4-2

4. 半跪式

半跪式蹲姿，又称单跪式蹲姿，它也是一种非正式蹲姿，多用在下蹲时间较长，或方便用力时。基本特征是双腿一蹲一跪。要求在下蹲后，改为一腿单膝点地，臀部坐在脚跟上，以脚尖着地。另外一条腿应当全脚着地，小腿垂直于地面。双膝应同时向外，双腿应尽力靠拢。

在日常生活里采用蹲姿的场合较少。在工作场合，除了捡拾地面物品、整理鞋袜外，一般不用蹲姿。

二、采用蹲姿时的注意事项

（1）不要突然下蹲。蹲下来的时候，不要速度过快。当自己在行进中需要下蹲时，要特别注意这一点。

（2）不要离人太近。在下蹲时，应和身边的人保持一定距离。和他人同时下蹲时，更不能忽略双方的距离，以防彼此"迎头相撞"或发生其他误会。

（3）不要方位失当。在他人身边下蹲时，最好是和他人侧身相向。正面他人，或者背对他人下蹲，通常都是不礼貌的。

（4）不要毫无遮掩。在大庭广众面前，尤其是身着裙装的女士，特别要防止大腿叉开。

（5）不要蹲在凳子或椅子上。有些人有蹲在凳子或椅子上的生活习惯，但在公共场合这么做是不能被接受的。

三、蹲姿的训练方法

（1）加强腿部、膝关节、踝关节的力量和柔韧性训练，具体方法是：压腿、踢腿、活动关节。

（2）有意识、主动、经常地进行标准蹲姿的练习，以形成良好习惯。

形体训练 实践篇

第五节 笑 容

一、职业中的笑容标准（图7-5-1）

在服务工作中，微笑有重要意义。微笑服务是一种美德，是热情待客的表现，笑迎天下客是服务工作的宗旨，是与客人打交道的最基本态度。

嘴唇：上下嘴唇应以脸部中间线为基准对称。

牙齿：应该整齐，且没有明显修补痕迹。让大部分上排牙齿外露，而最好把下排牙齿隐藏在唇内。

宽度：嘴唇咧开宽度应达到脸部的1/2。

牙龈：尽量少露出，如果露出牙龈，应在2毫米以内。

图7-5-1

二、笑容训练的基本方法

笑脸中最重要的是嘴型。要想展现美丽自然的笑容，必须锻炼脸部肌肉。

1. 放松肌肉

放松嘴唇周围肌肉就是微笑练习的第一阶段，它又称为"哆来咪练习"。嘴唇肌肉放松运动是从低音哆开始，到高音咪，大声清楚地将每个音说三次。不是连着练，而是一个音节一个音节地发音，为了正确发音应注意嘴型。

2. 给嘴唇肌肉增加弹性

微笑时最重要的部位是嘴角。如果锻炼嘴唇周围的肌肉，能使嘴角快速移动到位，也可以有效预防皱纹出现。

挺直背部，坐在镜子前面，反复练习。

（1）张大嘴。使嘴周围的肌肉最大限度地伸张。张大嘴能感觉到颚骨受刺激的程度，并保持这种状态10秒。

（2）使嘴角紧张。闭上张开的嘴，拉紧两侧的嘴角，使嘴唇在水平上紧张起来，并保持10秒。

（3）聚拢嘴唇。在嘴角紧张的状态下，慢慢地聚拢嘴唇。出现圆圆地卷起来的嘴唇聚拢在一起的感觉时，保持10秒。

（4）保持微笑30秒。反复进行这一动作3次左右。

用门牙轻轻地咬住木筷子（图7-5-2）。把嘴角对准木筷子，两边都要翘起，并观察连接嘴唇两端的线是否与木筷子在同一水平线上。保持这个状态10秒。在第一状态下，轻轻地拔出木筷子之后，练习维持此时状态。

3. 微笑

这是在放松的状态下，根据所需嘴的大小练习笑容的过程，练习的关键是使嘴角上升的程度一致。如果嘴角歪斜，表情就不会

图7-5-2

太好看。在练习各种笑容的过程中,可以发现最适合自己的微笑。

（1）小微笑。把嘴角两端一齐往上提,使上嘴唇有拉上去的紧张感。稍微露出2颗门牙,保持10秒之后,恢复原来的状态并放松。

（2）普通微笑。慢慢使肌肉紧张起来,把嘴角两端一齐往上提,使上嘴唇有拉上去的紧张感。露出上门牙6颗左右,眼睛也笑一点。保持10秒后,恢复原来的状态并放松。

（3）大微笑。一边拉紧肌肉,使之强烈地紧张起来,一边把嘴角两端一齐往上提,露出10颗左右的上门牙,也稍微露出下门牙。保持10秒后,恢复原来的状态并放松。

4. 保持微笑

一旦寻找到满意的笑容,就要进行至少维持那个表情30秒的训练。

5. 修正微笑

虽然认真地进行了训练,但如果笑容还是不那么完美,就要寻找其他部分是否有问题。但如果能自信地敞开地笑,就可以把缺点转化为优点,不会成为大问题。

（1）缺点——嘴角上升时会歪。两侧的嘴角不能一齐上升的人很多,这时利用木制筷子进行训练可以有效改善。刚开始会比较难,但若反复练习,就会矫正过来。

（2）缺点——笑时露出牙龈。笑的时候露很多牙龈的人,往往在笑的时候没有自信,不是遮嘴,就是腼腆地笑。自然的笑容可以弥补露出牙龈的缺点,但由于本人太在意,所以很难笑得自然。通过嘴唇肌肉的训练可以弥补这个缺点。

（3）挑选满意的笑容。以各种形态尽情地试着笑,在其中挑选最满意的笑容,然后确认能看见多少牙龈。大概能看见2毫米以内的牙龈,就很好看。

（4）反复练习满意的笑容。照着镜子,试着笑出前面所选的笑容。在稍微露出牙龈的程度上,反复练习。

如果希望在大微笑时,不露出很多牙龈,就要给上嘴唇稍微加力,拉下上嘴唇。保持这一状态10秒。

6. 修饰有魅力的微笑

如果认真练习,就会发现只有自己拥有最有魅力的微笑,并能展现那微笑。挺直背部和胸部,用正确的姿势在镜子前面边敞开笑,边修饰自己的微笑。

三、练习笑容的要领与注意事项

（1）放松面部肌肉,然后使嘴角微微向上翘起,让嘴唇略呈弧形。最后,在不牵动鼻子、不发出笑声、不露出牙齿,尤其是不露出牙龈的前提下,轻轻一笑。

（2）闭上眼睛,调动感情,并发挥想象力,或回忆美好的过去,或展望美好的未来,使微笑源自内心,有感而发。

（3）对着镜子练习,使眉、眼、面部肌肉、口形在微笑时和谐统一。

（4）当众练习法。按照要求,当众练习,使微笑规范、自然、大方,克服羞涩和胆怯的心理。可以请同学之间互相评议后再对不足进行纠正。

四、微笑的拓展练习

（1）加强心理素质的锻炼,增强自控力。每个人不可避免都会有烦恼和痛苦,但是这种情绪不能无所顾忌地带到工作中去。因此,心理素质的修养是必不可少的。

(2) 情绪记忆。将生活中最美好的情绪牢记在心,在需要微笑的时候,经常回忆这些美好的东西,会使微笑更加自然和大方。

(3) 对镜练习。对着镜子练习微笑,调整自己的嘴形、面部其他部位和眼神,找到自己认为较为完美的状态,经常进行练习,形成习惯。

(4) 加强必要而严格的训练。除上述思想、心里素质培养外,还可以适当地借助于某种技术上的辅助,如借助普通话中的"茄子"、"田七"、"前"等的发音来进行口型训练。

学 法 指 导

(1) 学习要点:各种基本姿态的动作要领、练习方法。

(2) 延伸学习:对镜练习各种规范的基本姿态,在生活中时刻提醒自己保持规范的仪态。

思考与练习

(1) 各种基本姿态的标准是什么?对照标准检测自身的形体姿态,在生活中进行反复训练。

(2) 怎么才能练习好微笑?除了书中介绍的方法,你还能找到训练笑容的有效方法吗?

(3) 如何克服自身不良的形体姿态?

第八章　形体姿态练习

学习提示

通过各种把杆练习、中间动作练习和舞蹈动作练习,提高机体的柔韧性和力量,增强身体的协调性与肌肉的控制能力,培养较强的节奏感,提高对美的鉴赏力,塑造完美体形。

第一节　扶把练习

一、脚位、手形及手位

(一) 脚位(图8—1—1)

一位:两脚脚后跟相靠,脚尖向外打开成"一"字形,大腿内侧肌相夹。

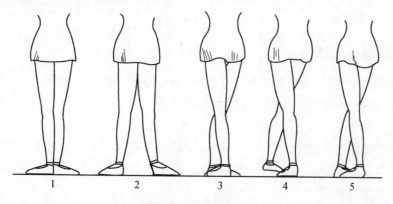

芭蕾中脚的五种基本位置

图8—1—1

二位:在一位的基础上,两脚脚后跟分开,间隔一只脚距离。
三位:在二位的基础上,一脚脚后跟与另一脚的脚心靠拢,两腿伸直夹紧。
四位:保持两脚外开状,一脚在前,一脚在后,形成两条平行线,重心在两脚中间。
五位:在四位的基础上,两脚相靠并拢,大腿夹紧。

(二) 手形及手位(图 8－1－2)

1. 手形

五指自然放松,大拇指指向手心,略与中指靠拢,食指略伸,其他三指自然靠拢。

图 8－1－2

2. 手位

一位:双肩自然下垂,两臂从肩膀到手指在身体前成椭圆形,腋下微张开,两肘略向前,手心向上,两手指尖相距一拳左右。

二位:保持一位姿态,两手小臂主动向上抬至与胃部平行,手心向里。

三位:保持二位姿态,双手向上抬至头顶上方,手心向对。

四位:一手臂保持三位不动,另一手臂从三位回到二位。

五位:三位手保持不动,二位手用手背带动,将臂向旁打开。

六位:打开到旁边的手保持不动,三位手下到二位。

七位:打开到旁边的手保持不动,二位手背带动将臂向旁打开。

3. 手位练习要点

手位练习中最容易出现的问题是肘关节,如一位手时肘关节容易贴身,二位手时肘关节容易下沉,三位手时肘关节容易前冲,七位手时肘关节容易下垂,同时还需注意不要耸肩,要压肩,让颈部尽量显得长一点。

二、擦地绷脚的练习

擦地绷脚可在一位或五位脚的位置上向前、旁、后做。擦地主要是通过用力蹦脚、立脚趾来延伸腿的长度,增强腿部肌肉、腿部关节的力量。

准备姿态:脚站五位,一手扶把,一手七位。

做法:支撑腿固定好重心,同时动作腿用脚跟带动慢慢离地推出脚背,脚尖逐渐向前擦地,整条腿向远方延伸,脚趾尖点地,将脚背完全凸出(图 8－1－3)。收回时,脚趾带动,经脚掌落地慢慢擦回。

向旁擦地的要求同向前擦地,不同的是动作腿向旁沿地面擦出,将动作腿尽量向远方伸长,脚趾旁点立起,背推向最高点,然后脚趾慢慢点地,经脚掌、全脚擦回(图 8－1－4)。

向后擦地同向前、旁擦地,只是动作腿用脚尖带动向后擦出,将脚向远向长延伸,用脚的大趾外侧点地,脚背对外。收回时,脚跟带动,经脚掌使脚慢慢擦回(图8—1—5)。

图8—1—3

图8—1—4

图8—1—5

三、下蹲练习

下蹲练习一般分为半蹲和全蹲。练习时,要求上体保持直立,收腹、收臀,膝关节的中心点对着脚的中趾尖,逐渐弯屈膝关节直至足跟不离开地面到最大限度为半蹲;继续下蹲,足跟离开地面,大小腿之间的距离最接近时为全蹲。在练习中,腿部应该具备一种内在的对抗性力量,下蹲时,腿本身不愿意弯曲,但有一股力量强迫往下蹲。立起时,上身好像压着一付重担,腿部要用很大的力量才能站起来。

下蹲训练主要围绕膝关节运动,下蹲时,大腿前群肌肉、小腿后群肌肉必然拉长。肌肉是富有弹性的,好似皮筋一样,拉得长才能弹得远,但是张力大比张力小的皮筋使用的力量也要大、弹得也更远。内在的对抗性力量,就是在下蹲过程中,腿部肌肉要主动收紧,而不是处在自然状态下拉长。

蹲的要求:

蹲起力量必须是平均的、连贯的,具有柔韧性。慢蹲时要起伏平均,快蹲时要快中有控制。

下蹲的训练先从半蹲再到全蹲,训练节奏从慢速到中速。

四、小弹腿、小踢腿练习

准备姿态:脚站五位,一手扶把,一手七位。

做法:动作腿向旁小踢腿25°,大腿不动,脚尖带动小腿快速地向支撑腿踝前有力地打击(图8—1—6中1),然后小腿向前弹出25°(图8—1—6中2),略停顿后,继续向脚踝前部打击,再向旁快速弹出(图8—1—6中3),向后做时,小腿要快速打击脚踝后部(图8—1—6中4),再快速地向后弹出(图8—1—6中5)。也可继续从后向前做。

注意:弹腿与打击的速度要快而有力;弹出要有控制,不能放松、乱晃;动作腿要绷直,支撑腿稳固好重心,后背挺直。小踢腿要把力量灌注到脚尖上,用脚尖做动力,要有一定的爆发力。动作时,支撑腿保持重心的稳定。腿踢出时要有停顿,收回时,大腿内侧肌要夹紧。

图 8-1-6

五、扶把组合动作练习

(一) 擦地组合

音乐 2/4 共 16 小节。

准备姿态:双手扶把,脚一位站立,准备拍两小节不动。

第 1 小节:右脚向旁绷脚擦地。

第 2 小节:右脚收回一位。

第 3 小节:第一拍右脚向旁擦;第二拍右脚收回一位。

第 4 小节:重复第 3 小节动作。

第 5~6 小节:第一拍右脚向旁;第二拍右脚半勾;第三拍全勾;第四拍由旁向前划圈。

第 7 小节:第一拍绷脚前点地;第二拍收回一位。

第 8 小节:第一拍右脚往旁擦地;第二拍收回。

第 9~10 小节:第一拍右脚往后擦地;第二拍半勾;第三拍全勾;第四拍由后往前划圈。

第 11~12 小节:第一拍绷脚前点地;第二拍经过一位擦地;第三拍右脚往后呈大弓箭步,身体重心向下,手臂伸直;第四拍,手臂带动右腿向上收回一位。

第 13 小节:第一拍右脚向后擦地;第二拍右脚收回。

第 14 小节:第一拍右脚向旁擦地;第二拍收回。

第 15~16 小节:第一拍至二拍右脚向前擦地同时左脚半蹲,身体向后倾斜,头看右边;第三拍至四拍收回一位,手在结束拍收回一位。

(二) 蹲的组合

音乐 3/4 共 64 小节。

准备姿态:左手扶把,右手一位,脚站一位,准备拍两小节,右手打开七位。

第 1~2 小节:一位半蹲,七位手随音乐到二位,眼随手走。

第 3~4 小节:双腿伸直,手从二位到七位。

第 5~6 小节:重复第 1~2 小节。七位手随音乐到二位,眼随手走。

第 7~8 小节:重复第 3~4 小节。

第 9~10 小节:全蹲,手从七位经一位到二位,眼随手走。

第 11~12 小节:双脚脚跟下压,双腿慢慢伸直,手打开七位。

第 13~14 小节:手与地面垂直下前腰,身体与地面呈 90°。

第 15~16 小节:第一拍由头带动身体起的同时手到二位;第二拍手打开七位的同时,

脚擦地到二位。

第17～18小节：二位蹲。七位手随音乐到二位，眼随手走。

第19～20小节：七位手随音乐到二位，眼随手走。

第21～22小节：第重复17～18小节。

第23～24小节：第重复19～20小节。

第25～26小节：二位全蹲。

第27～28小节：双腿慢慢伸直，手打开七位。

第29～30小节：第一拍双腿蹲，手心向上；第二拍双腿伸直，手位由七位到三位，下左旁腰，眼随手。

第31～32小节：第一拍还原手到七位；第二拍右脚往前划圈到五位。

第33～34小节：五位半蹲。

第35～36小节：双腿伸直。

第37～38小节：重复第33～34小节。

第39～40小节：重复第35～36小节。

第41～42小节：五位全蹲。

第43～44小节：第一拍双腿重心经过蹲往前推，左脚尖点地，身体前倾。

第45～46小节：第一拍双腿重心经过蹲往后推，右脚尖点地，身体后倾。

第47～48小节：收右脚，四位站立。

第49～50小节：四位半蹲。

第51～52小节：重复第49～50小节。

第53～54小节：重复第51～52小节。

第55～56小节：四位全蹲。

第57～58小节：第一拍半蹲；第二拍立脚尖。

第59～60小节：第一拍半蹲；第二拍向左四位转，右手扶把吸左脚，右脚前脚掌着地。

第61～62小节：第一拍右脚压脚跟；第二拍左脚经过五位往旁擦，手打开到七位。

第63～64小节：左脚收回一位，手在结束拍收回一位，可接着做反面。

（三）小弹腿组合

音乐2/4拍共16小节。

准备姿态：左手扶把，右手一位，右脚前五位站立。准备拍一小节，右手打开七位，同时右脚向旁擦地抬起25°，并迅速向支撑腿前踝部击打。

第1小节：右腿向前弹出25°。

第2小节：右腿向支撑腿前踝部拍打。

第3～4小节：做与第1～2小节相同的动作。

第5～8小节：做与第1～4小节向旁的相同动作。

第9～12小节：做与第1～4小节向后的相同动作。

第13～14小节：做与第5～8小节向旁的相同动作。

第15～16小节：第一拍向旁弹出；第二拍收五位半蹲还原。结束时收回一位。

（四）小踢腿组合

音乐2/4拍共16小节。

准备姿态：左手扶把，右手一位，右脚站前五位。准备拍两小节，右手打开七位。

第1～2小节：第一拍右脚向前踢出25°停止；第二拍脚尖点地收回五位。

第3～4小节：第一拍右脚向旁踢出25°停止；第二拍脚尖点地收回前五位。

第5～6小节：第一拍右脚向旁踢出25°停止；第二拍脚尖点地收回后五位。

第7～8小节：第一拍右脚向后踢出25°停止；第二拍脚尖点地收回后五位。

第9～10小节：第一拍右脚向后踢出25°；第二拍经过一位往前擦25°。

第11～12小节：重复第9～10小节动作。

第13小节：右脚点地同时双腿半蹲收回前五位。

第14～15小节：重复第5～6小节动作。

第16小节：右脚收回前五位，手在结束拍收回一位。

第二节　中间动作练习

一、跳跃练习

一位站立，双手一位。半蹲，两脚快速推地绷脚跳起，空中两腿伸直绷脚（图8－2－1），落地半蹲还原时两腿伸直。注意：原地小跳离地不要高，脚腕快速有力、灵活的推起小跳。脚下除一位以外，也同样运用于五位小跳。

二、中间动作组合练习

（一）原地一位小跳

音乐2/4拍共16小节。

图8－2－1

准备姿态：脚站一位，手一位。准备拍两小节，最后一拍半蹲后半拍跳起。

第1～2小节：第一拍往上跳起连续跳两次；第二拍跳起后半蹲起。

第3～8小节：重复第1～2小节动作。

第9～16小节：重复第1～8小节动作。

（二）变位跳组合

音乐2/4拍共16小节。

准备姿态：身体对一点，脚一位站立，手一位。准备拍两拍，第一拍双手从一位成七位；第二拍手从七位回一位。

第1小节：第一拍一位半蹲跳起两次；第二拍落地变二位蹲，手从一位变七位。

第2小节：第一拍二位半蹲跳两次；第二拍落地变右脚在前，五位蹲的同时身体向八点，手至一位。

第3小节：第一拍五位半蹲换跳两次；第二拍落地变右脚在前四位蹲的同时身体向八点，手至七位。

第4小节：第一拍四位半蹲换跳一次，落地变五位脚右脚在前跳一次；第二拍由五位变成一位脚，手从七位变成一位，身体向一点。

第5~7小节:同第1~3小节往相反方向做,左脚在前。

第8小节:第一拍四位半蹲,右脚向旁擦地跳;第二拍手脚同时收回一位。

第9~10小节:同第1~2小节往反方向做。

第11~12小节:同第3~4小节往反方向做。

第13~14小节:同第5~6小节往反方向做。

第15~16小节:同第7~8小节往反方向做。

第三节 舞蹈动作练习

一、基本舞蹈步伐练习

(一)插秧步

准备姿态:右脚后五位站立,双手一位。

做法:半蹲,同时右脚后小掖腿,左手到二位,右手到七位(图8-3-1中1),右脚落地半脚尖,左脚前小吸腿,双手打开七位(图8-3-1中2)。左脚落地半脚尖,同时右脚前小掖腿(图8-3-1中3)。右脚落地半蹲,同时左脚后小掖腿,手六位(图8-3-1中4)。

图8-3-1

(二)波浪步

准备姿态:右脚后五位站立,双手小七位。

做法:音乐是3/4拍,准备拍最后一拍半蹲,同时右脚绷脚向旁擦出25°,支撑腿伸直并于第一、二拍立半脚尖,左脚落地半脚尖立起,右脚绷脚伸直略离地面(图8-3-2中1)。第三拍,右脚落地半蹲,同时左脚后小掖腿(图8-3-2中2)。接着用同样的方法左脚开始做动作。

二、舞蹈组合动作练习

音乐3/4共24小节

准备姿态:一位站立,手一位。准备拍两小节,第一拍手打开小七位;第二拍收回一位。

第1~2小节:第一拍向右做波浪步;第二拍向左做波浪步。

第3~4小节:同第1~2小节。

第5~6小节:第一拍右脚擦地到二位半蹲,手打开至七位;第二拍伸直腿向右下旁

图 8-3-2

腰,左脚尖点地,右手二位左手三位,眼随手走。

第 7~8 小节:第一拍身体还原手到七位,右脚重心;第二拍收左脚手还原一位。

第 9~10 小节:第一拍向二点上步做波浪步;第二拍向六点后做波浪步。

第 11~12 小节:同第 9~10 小节。

第 13~14 小节:第一拍右脚前五位并立,手同时到三位,半脚尖小碎步向左转 90°,眼随手走;第二拍继续左转 90°小碎步到一点。

第 15~16 小节:第一拍保持手脚位置,身体向右下旁腰,眼睛看斜下方;第二拍做相反方向。

第 17~18 小节:第一拍双脚五位放下,手从三位落到一位的同时吸右腿 25°往前上步,手从一位经过二位到七位;第二拍做相反方向。

第 19~20 小节:第一拍头从左到右在空中划抛物线,由呼吸带动身体;第二拍做相反方向。

第 21~22 小节:第一拍左脚在前小碎步向右转 90°手在第二迎风展翅位;第二拍向左转 90°,身体对一点。

第 23~24 小节:行礼。

三、交谊舞练习

交谊舞是起源于西方的一种舞蹈形式,又称舞厅舞(Ballroom Dancing)、舞会舞(Party Dancing)、社交舞(Social Dancing)。

跳交谊舞可以改善骨骼、肌肉的功能,提高人体的协调性,特别是人控制重心的能力。舞者走路的姿势也可能发生变化,特别是脚着地的方式和踝关节的控制,如果人的步态改变,他们的身体对震荡的缓冲效果就有可能改变。

(一)交谊舞的基本知识

1. 标准握持

在现代舞里,除探戈之外,所有舞种的标准握持都是一样的。其要点如下:

(1)脚。双脚平行并拢,切不可八字形张开;右脚尖对准舞伴的两脚之间;重心集中于前脚掌但不能抬起脚跟。

(2)手。男伴的右手掌心向里,扶在女伴左侧肩胛骨下缘;从肘尖直到指尖形成一条直线,呈斜角状自然斜垂,五指并拢,既不要凸起手腕,更不能用手背来控舞;大臂基本平肩并呈椭圆形展开。

图 8-3-3 是正确的手姿。女伴左手轻放在男伴右大臂三角肌处；四指并拢,用虎口定位；整个手臂轻放在男伴手臂之上,不可脱离接触。男左手和女右手对握,掌根与地面垂直,并互相顶住,整个手臂呈圆弧状向斜上方展开,犹如轻松自如地合撑着一把阳伞,如图 8-3-4 所示。手的高度一般在齐耳根和齐眉之间的某一固定点,视环境的需要而定。例如,在大型体育馆里应高一些,在小型舞厅中则应适当低一些。

图 8-3-3

图 8-3-4

（3）头和视点。在保持双方肩横线平行的前提下,各自的头部向左侧 45°正侧转,双眼平视前方。女伴还应充分利用胸椎和颈椎的关节功能,从剑突部位起,让胸椎后展 15°、颈椎再后展 15°成挺拔式弯曲,造成特有的女性曲线美。注意：切勿理解为往后躺腰或挺腹。

2. 舞程线

舞程线及其方位概念,是标准舞的理论基础之一。舞程线是指舞蹈者运行的方向,必须沿逆时针方向围绕着舞池中央做连续发展式运动。在习惯中,把靠近主席台一侧的那条线称为 A 线,依次是 B 线、C 线、D 线,再回到 A 线,如此往复循环。

（二）交谊舞的种类

交谊舞分两大类,第一大类是摩登舞(Modern Dance),也称现代舞或体育舞蹈,有华尔兹(Waltz)(俗称慢三步)、维也纳华尔兹(Viennese)(俗称快三步)、布鲁斯(Blues)(俗称慢四步)、狐步(Fox Trot)(俗称中四步)、快步(Quick Step)(俗称快四步)、探戈(Tango)、吉特巴(Jitterbug)(俗称水兵舞)等舞种。

第二大类是拉丁舞(Latin Dance),有伦巴舞、恰恰舞、牛仔舞、桑巴舞等舞种。

1. 华尔兹的基本舞步

华尔兹的基本舞步结构是由前进(或后退)、横移、并脚三步构成一个基本旋回。

2. 布鲁斯的基本舞步

布鲁斯的基本舞步分为慢步和快步。慢步又叫常步,两拍运行一步；快步表现为典型的横并步一拍运行一步。

标准跳法的快慢变化则很不规则,完全根据舞步的自然性发展的需要进行快慢交替,有三步、四步、五步,甚至更多的步数构成的各种旋回,但基本旋回仍旧是四步结构。

3. 狐步的基本舞步

狐步的基本舞步也是由慢步和快步构成的,慢步两拍一步,快步一拍一步。它和布鲁斯是完全相同的,因此很多人将这两种舞混淆。但只要从空间形态上看,就能发现它们之间的区别。

4. 快步的基本舞步

快步的基本舞步的结构与布鲁斯和狐步有很多相似之处。例如,都由快慢步构成,慢步都是两拍一步,快步都是一拍一步。但由于舞曲速度不同,舞步的形态也随之改变,活泼的急速流动和轻快的跳跃性变化,使舞步的运动近似于奔跑和跳跃,因而具有相对的难度。舞步中的快步多以并式形态出现,而且外侧体位和滑步的应用也比较多。练习中,要特别注意领舞的技巧和跟舞的配合,否则很容易发生碰撞。

学 法 指 导

(1) 学习要点:注意各种练习的动作要领与身体姿态的控制;动作与音乐的配合要协调一致。

(2) 延伸学习:交谊舞步的基本步伐与花样步伐。

思考与练习

除了教材中的练习方法外,你还知道哪些方法可以锻炼形体姿态?

第九章　时尚形体训练方法

学习提示

通过本章的学习,了解时尚形体训练项目的锻炼价值,掌握时尚形体训练项目的基本方法。

第一节　形体瑜伽训练

一、什么是瑜伽

瑜伽在印度已经流传数千年,是印度悠久智慧的结晶,有关瑜伽的文献早在5000年前就已经出现,瑜伽(Yogo)一词由梵文词根衍生而来。追根究底,瑜伽能给予我们的远远不止一些体能锻炼,它还是生活平衡的哲学,也是人类充分发挥潜力的途径。在这个高速运转的高科技时代里,瑜伽能使我们与自然、社会、家庭、自我和谐统一。从这个层面上理解,瑜伽也是一种强调身、心、灵和谐统一的生活方式。

二、瑜伽的特点

(1) 瑜伽动作柔和,可以有效避免运动伤害,从小孩到老人,甚至孕妇都可以在指导下进行练习。

(2) 瑜伽不受场地、时间和经济条件的限制。练习瑜伽只需要很小的空间,不需要昂贵的健身器材,一个安静的角落、一块洁净的垫子和一颗纯净的心即可。

(3) 瑜伽对身体的全方位调节和锻炼可以起到辅助医疗的作用。

(4) 瑜伽拥有一套完整的体系,博大精深的实践与理论体系使得瑜伽超越了一般体育运动的范畴。因此,瑜伽实际上是一个可以全面调整修习者身体和心灵的系统。

三、瑜伽的呼吸

1. 腹式呼吸

腹式呼吸是瑜伽中最基础、也是最重要的一种呼吸方式,是学习其他呼吸方式的基础。腹式呼吸是通过减少腹腔的运动、加大横膈膜的活动来完成练习的。吸气时,最大限度地向外扩张腹部;呼气时,最大限度地向内收缩腹部。循环反复,保持每次呼吸的节奏一致。

2. 瑜伽式呼吸

它结合了腹式呼吸等呼吸方法,使呼吸效果达到最好。慢慢吸气,感觉腹部扩张,接着胸腔扩张,最后感觉空气进入上胸部。吐气时,空气会先离开肺的底部,然后是中部,最后是上部。瑜伽式呼吸的过程应该是顺畅、轻柔的,每个阶段不能分开来做,要一气呵成。

四、瑜伽体位法

1. 拜日式

(1) 呼气,双手胸前合掌,手肘向两侧打开(图9-1-1)。

(2) 吸气,手臂贴于耳朵两侧,向后伸展,身体向后仰(图9-1-2)。

(3) 呼气,上身向前弯曲,腹部尽量贴近大腿,双手触地(图9-1-3)。

图9-1-1　　　　　　　　图9-1-2　　　　　　　　图9-1-3

(4) 吸气,双手不动,左腿向后伸,头向上抬(图9-1-4)。

(5) 屏住呼吸,将右腿向后伸,双手、双脚支撑全身(图9-1-5)。

(6) 吸气、膝盖着地,臀部保持抬高,胸部贴地(图9-1-6)。

图9-1-4　　　　　　　　图9-1-5　　　　　　　　图9-1-6

(7) 吸气,抬头,身体向上挺起,双腿并拢贴地(图9-1-7)。

(8) 呼气,头向下垂,放于两臂之间,身体成"倒V"姿势(图9-1-8)。

图9-1-7

图9-1-8

(9) 吸气,右脚向前跨出,回到图9-1-4所示动作。
(10) 双手不动,边呼气边把左脚收回,两腿并拢,回到图9-1-3所示动作。
(11) 吸气,双手慢慢举过头顶,身体向后仰,回到图9-1-2所示动作。
(12) 呼气,双手放于腿侧,回到初始动作。

2. 鱼式

(1) 仰卧,双手掌心贴地,轻压臀部之下,双腿伸直并拢。
(2) 手肘弯曲,上半身离开地面,膝盖伸直(图9-1-9)。
(3) 吸气,头向后仰,顶地,身体向上抬,尽量扩胸(图9-1-10)。

图9-1-9

图9-1-10

3. V式

(1) 右手握住脚掌,右腿向上伸直抬起(图9-1-11)。
(2) 呼气,动作同上,左脚跟离开地面,臀部保持身体平衡。
(3) 将左脚向上伸直,呼气,保持双腿和脊椎的直立(图9-1-12)。

图9-1-11

图9-1-12

4. 摇摆弓式

(1) 俯卧,小腿向上弯曲,双手抓住脚背(图9-1-13)。
(2) 吸气,身体向上抬起,双手拉住脚背,同时抬腿(图9-1-14)。

5. 轮式

(1) 仰卧,双膝弯曲,脚跟贴近臀部,双手抓住脚踝(图9-1-15)。
(2) 臀部用力向上顶起,缓慢深呼吸(图9-1-16)。

图 9—1—13

图 9—1—14

（3）保持身体姿势，双手离开脚踝，撑于耳朵两侧。

（4）手肘伸直，腰部用力向上顶起（图 9—1—17）。

图 9—1—15

图 9—1—16

图 9—1—17

6. 新月式

（1）左腿 90°弯曲，右腿向后伸直，双手撑于左脚两侧（图 9—1—18）。

（2）腿部姿势保持不变，上身抬起，双手合掌于胸前（图 9—1—19）。

（3）腿部姿势保持不变，双臂贴于耳朵两侧向后伸展，下胸腰（图 9—1—20）。

图 9—1—18

图 9—1—19

图 9—1—20

7. 舞王式

（1）身体直立，右腿小腿弯曲，右手抓住右脚脚背，左手上举（图 9—1—21）。

（2）右手抓紧右脚尽量向上抬高，左手放下向前伸展（图 9—1—22）。

图 9—1—21

图 9—1—22

五、形体瑜伽组合动作（图9-1-23）

以上动作左右分别练习5次

以上动作左右各练习5次

以上动作左右各练习5次

图9-1-23

第二节 形体芭蕾训练

一、形体芭蕾的训练方式

芭蕾给人一种袒露的、直接而又优雅庄重的美感。将芭蕾的形体艺术与日常健身结合起来,既有芭蕾的优雅,又简单易学,这就是形体芭蕾。形体芭蕾借助芭蕾的基本元素,力求简单、有效地分解芭蕾动作,将芭蕾的几个特征,如开、绷、直等有机地融入到形体训练中,有重点地锻炼人体形态。它以健身和塑造体形、培养气质为目的,主要分地面素质训练、扶把训练、脱把训练等基本训练方式。

(1)地面素质训练包括地面勾绷脚、盘脚压胯、仰卧吸腿、侧卧旁吸腿、俯卧后吸腿、腰部训练、仰卧大踢腿等动作。这些动作可以打开肩部和胯部关节韧带,加强腰的柔韧性,增强腿部和后背肌群的弹性和力量。

(2)扶把训练是指训练的时候扶着固定的物体进行的训练。常见的有擦地、蹲、小踢腿、划圈等动作。单腿蹲和小弹腿、压前腿、压旁腿、压后腿也是相当重要的训练动作。这些训练动作可以使脊柱、臀、脚踝、臂充满活力,从而培养优雅和高贵的气质。

(3)脱把训练难度较大,动作分为手位与脚位的训练,如手臂波浪形的舞动、脚做划圆等动作。与前面的训练相比,增加的练习有跳跃练习。小跳还可以分为一位小跳、二位小跳、五位小跳。中跳是随后的训练,以原地跳为主,分为一位中跳、二位中跳、单起双落方法和双起单落方法。最后就是大跳。以上训练,是将臂、腿、弹跳等舞姿造型组成的小组合,既能训练身体的基本能力,又能调整身体的基本姿态,并使其能够灵活自如地运用到芭蕾中去。

二、芭蕾舞姿组合

准备拍:左腿前五位,5~6拍,双手小七位打开(图9-2-1)。

7~8拍,收回准备位。

1×8拍:1~2拍,手打开二位(图9-2-2)。

图9-2-1

图9-2-2

3~4拍,左脚向旁擦地的同时手打开七位(图9-2-3)。

5~6拍,换重心到左脚,右脚旁点地。

第九章 时尚形体训练方法

7～8拍,右脚收回前五位,身体转向八位(图9—2—4)。

图9—2—3

图9—2—4

2×8拍:1～4拍,五位蹲,起的同时手到二位(图9—2—5)。
5～6拍,手打开五位(图9—2—6)。
7～8拍,右脚向前擦地(图9—2—7)。

图9—2—5

图9—2—6

图9—2—7

3×8拍:换手转胸腰,旁(图9—2—8)、后(图9—2—9)、旁(图9—2—10),最后一拍身体立直,回到第二个八拍的第八拍动作(图9—2—7)。

图9—2—8

图9—2—9

图9—2—10

4×8拍:1～2拍,五位蹲,手经过七位回到一位(图9—2—11)。
3～4拍,重心换到右脚,左脚后点地,左手前,右手旁打开(图9—2—12)。
5～8拍,抬起左腿,身体姿势保持不变(图9—2—13)。

形体训练 实践篇

图9—2—11　　　　　　图9—2—12　　　　　　图9—2—13

5×8拍:1~4拍,保持图9—2—13所示动作,右腿下蹲。

5~8拍,并脚转,手到三位(图9—2—14)。

图9—2—14

6×8拍:1~4拍,左脚后踏步,手一前一后打开,上身微微向后倒(图9—2—15)。

5~8拍,同上动作反面(图9—2—16)。

图9—2—15　　　　　　　　　　图9—2—16

7×8拍:1~4拍,右脚前五位并立,双手向二点方向延伸,身体面向二点方向(图9—2—17)。

5~8拍,左脚前进一步,右脚后点地,手打开至六位(图9—2—18)。

第九章 时尚形体训练方法

图 9—2—17　　　　　　　　　　　图 9—2—18

8×8拍:1～2拍,脚收回一位,手打开二位(图9—2—19)。
3～4拍,双手打开三位(图9—2—20)。
5～6拍,双手打开七位(图9—2—21)。
7～8拍,收回准备位,身体直立(图9—2—22)。

图 9—2—19　　　　图 9—2—20　　　　图 9—2—21　　　　图 9—2—22

第三节　形体健美操训练

一、形体健美操简介

形体健美操练习的主要目的是"塑造体型,锻炼身体"。形体健美操的动作简单,实用性强,能够有效改善体形体态,使身体各部位比例匀称、协调发展。练习形体健美操对提高肌肉的弹性和关节的灵活性,形成正确的身体姿态,培养良好的气质有着重要作用。

(1) 形体健美操动作讲究优美大方,朝气蓬勃,要求完成动作有力度。因此每一个动作,都能有效训练身体的正确姿势。坚持形体健美操锻炼,有利于练习者在特定的集体中相互交流情感、互相鼓励,以增强集体荣誉感,建立良好的人际关系,并提高对美的鉴赏能力,陶冶情操。

(2) 运动负荷大,有针对性。任何身体练习都要承受一定的运动负荷,只有适宜的运动负荷才能达到健身、健美的目的。形体健美操的运动负荷,首先应该根据练习者的年龄、性别及健康状况等有所区别。其次,练习者可以根据自己的身体、工作和生活等情况进行负荷的自我调节,以保证训练的针对性。

(3) 形体健美操不同的动作和风格,配上适宜的音乐,更能体现出节奏感、韵律感和风格特征。只有按照音乐的节奏进行练习,才能使练习者获得最轻松、最愉快的体验,从而得到美的享受。

二、形体健美操组合

1×8拍:原地踏步,手前后摆动(图9-3-1)。

2×8拍:1~4拍,踏步向前走(图9-3-1)动作。

5~8拍,踏步向后走(图9-3-1)动作。

3×8拍:1~2拍,第一拍双手90°直角上举,双膝弯曲(图9-3-2);第二拍回原位,身体直立。

图9-3-1

正面动作　　侧面动作

图9-3-2

3~4拍,第一拍小臂平行收于胸前,双膝弯曲(图9-3-3);第二拍回原位,身体直立。

5~8拍,重复1~4拍动作。

4×8拍:1~2拍,第一拍双手平行收于胸前,右腿侧点地(图9-3-4);第二拍双手垂直放下,右膝微微弯曲(图9-3-5)。

图9-3-3　　　　　　图9-3-4　　　　　　图9-3-5

3～4拍,做1～2拍的反面动作。

5～8拍,重复1～4拍的动作。

5×8拍:1～2拍,第一拍右腿侧点地,双手伸直举过头顶(图9－3－6);第二拍双手握拳收回,右脚收回曲膝。

3～4拍,第一拍做(图9－3－6)的反方向动作;第二拍双手握拳收回,左脚收回屈膝(图9－3－7)。

5～8拍,重复5～4拍动作。

图9－3－6

图9－3－7

6×8拍:1～2拍,第一拍双手向两侧平行打开,左腿旁点地(图9－3－8);第二拍双手向下收回交叉,右腿后踏步(图9－3－9)。

3～4拍,做1～2拍的反向动作。

5～8拍,重复一次1～4拍的动作。

图9－3－8

图9－3－9

7×8拍:1～2拍,左手放于头后,右手向旁伸直,左腿弯曲点跳(图9－3－10)。

3～4拍,同上动作的反向(图9－3－11)。

5～6拍,重复1～2拍的动作一次。

7～8拍,重复3～4拍的动作一次。

形体训练 实践篇

图9－3－10

图9－3－11

8×8拍：1～2拍，第一拍右手右脚同时向二点方向打开（图9－3－12）；第二拍左手左脚同时向八方位打开（图9－3－13）。

3～4拍，第一拍退右脚，双手交叉收回胸前（图9－3－14）；第二拍收回直立。

5～8拍，重复1～4拍动作。

图9－3－12

图9－3－13

图9－3－14

9×8拍：1～2拍，第一拍双手向前伸直，左腿弯曲，右腿前伸，脚后跟着地（图9－3－15）；第二拍收回直立。

3～4拍，动作同上，反方向一次。

5～6拍，第一拍双手向两侧平伸，左腿弯曲，右腿侧点地（图9－3－16）；第二拍身体直立，双手腹前交叉（图9－3－17）。

图9－3－15

图9－3－16

图9－3－17

7～8拍,重复5～6拍动作一次。

10×8拍:1～2拍,右腿直立,左腿侧点地,右手握拳放于腰旁,左手二点方向前伸(图9-3-18)。

3～4拍,同上动作反方向一次。

5～6拍,双膝下蹲,双手放于膝盖之上(图9-3-19)。

7～8拍,身体直立,双脚并拢,胸前拍掌两次(图9-3-20)。

图9-3-18

图9-3-19

图9-3-20

第四节　形体拉丁舞训练

一、拉丁舞的起源

古巴是拉丁舞和拉丁音乐的发源地。最初,拉丁音乐和舞蹈是人们庆祝胜利或丰收的一种表达方式,后来渐渐发展为年轻人相互表达爱慕之情的一种方式。在发展的过程中,拉丁舞曾因为动作热情,表达情感直率而受到排斥,但这并没有影响拉丁舞的发展。

二、拉丁舞的种类

拉丁舞属于交谊舞的一种,是由伦巴、桑巴、恰恰恰、牛仔舞、斗牛舞五个舞种所组成的。

三、拉丁舞的风格特点

拉丁舞的舞蹈风格各异,动作活泼奔放、明快热情、技巧性强,着重于人体曲线美的展示。其音乐节奏清晰,富于变化。男女动作同时不同样,表现了拉丁舞的独特风格,在表演时,起舞的方向和路线可根据舞蹈编排的需要或场地条件灵活变化。

四、拉丁舞的健身价值

把拉丁舞引入课堂后,拉丁舞便成了"有氧拉丁"。这个名字一下子道出了拉丁舞作为一种健身方法的创意。也就是说,将拉丁舞和有氧操进行嫁接,使之成为强度符合科学标准的有氧运动。更值得一提的是,由于拉丁舞动作强调髋部的摆动,因此对于腰部的锻炼有特殊的效果。

（1）心血管方面。跳拉丁舞可令心跳由每分钟80次升到120次,有时甚至更多。它的功效等同于任何体力训练或有氧运动,可以增强心脏的强度和耐力。

（2）肌肉弹性方面。跳拉丁舞,能练出漂亮有弹性的肌肉线条。

（3）关节方面。据医学报道,避免早期关节炎与治疗关节不适的最好方法是适度地使用关节,跳拉丁舞可使全身各关节如颈、肩、肘、髋、膝、踝等部位都能得到有效锻炼。

（4）脊椎方面。常跳拉丁舞,弯曲的脊椎可以归正,还可以椎间盘突出预防。

（5）呼吸系统方面。很多研究显示,激烈的拉丁舞可使肺脏强壮并增加摄氧量,可以更有效预防疾病的发生。

（6）脸部线条。多数拉丁舞者都是微笑着的,他们脸部见不到难看的线条和皱纹。

（7）腹部苗条。人的腹部一般不容易活动到,跳拉丁舞时,急剧的骨盆摇动、胯部扭摆是对付小肚子赘肉最有效的方法,减肥效果显著,这是其他运动不可比的。

（8）自尊心。跳拉丁舞能提升人的气质,塑造优美身形,使舞者在另一个层面发现自己的价值。

（9）自信心。很多拉丁舞者曾有过怯场的羞涩经历,通过跳拉丁舞可逐步克服胆怯、恐惧,培养自信、自强的性格。

（10）轻松社交。舒适轻松的社交是个人四大需求之一,跳舞使你更善于处理人际关系,提高社交能力。

因此,学习拉丁舞,不但能够改善人体内脏器官的机能状态,增强肌肉力量,提高关节的灵活性、柔韧性和协调能力,还能促进形体健美,提高人的心理素质和艺术表现力,丰富人们的文化生活,促进精神文明建设。

五、形体拉丁—伦巴组合

1×4拍:准备位(图9—4—1)。

2×4拍:开式扭臀。

1～2拍,右腿后退,左腿前点地,左手收回抱住腰旁(图9—4—2)。

3～4拍,左腿斜后方退步,右脚前点地,左手放于耳后(图9—4—3)。

图9—4—1

图9—4—2

图9—4—3

3×4拍:扇形位。

1～2拍,左脚二点方向上步,手前伸(图9—4—4)。

3～4拍,回一点方向,右腿旁点地(图9—4—5)。

图9—4—4

图9—4—5

4×4拍:曲棍步。

1～2拍,重心换到右腿,左脚曲膝旁点地(图9—4—6)。

3～4拍,右腿二点方向上步,重心落于两腿中间(图9—4—7)。

图9—4—6

图9—4—7

5×4拍:臂下转。

1～2拍,转身,重心移至右腿,左脚前点地(图9—4—8)。

3～4拍,转身面对一点方向,双手身前交叉(图9—4—9)。

图9—4—8

图9—4—9

6×4拍:纽约步。

1～2拍,身体面对三点方向,右脚斜后点地(图9—4—10)。

3～4拍,开面舞姿,相对位,右脚重心(图9—4—11)。

图9—4—10　　　　　　　　图9—4—11

7×4拍：手对手。

1～2拍，身体三点方向，左腿重心（图9—4—12）。

3～4拍，开面舞姿，脚分开，左脚重心（图9—4—13）。

图9—4—12　　　　　　　　图9—4—13

8×4拍：定点转。

1～2拍，转身（图9—4—14）。

3～4拍，开面舞姿，双手打开（图9—4—15）。

图9—4—14　　　　　　　　图9—4—15

学习指导

（1）学习要点：时尚形体训练的价值、基本方法。

（2）延伸学习：根据自己的兴趣，选择适合自己的形体训练项目。

思考与练习

（1）进行形体瑜伽练习时要注意哪些要求？
（2）形体训练与舍宾运动的异同点在哪里？

第十章　器械形体训练

学习提示

器械形体训练,是在徒手练习的基础上,根据形体训练所要达到的目的和器械的性能特点,有选择地进行的一项练习。它不仅可以促进身体的正常发育,发达肌肉、强健体魄,还可以矫正身体形态的某些不足。不同的器械动作,对人体各部位的锻炼效果不同,如哑铃、拉拉带,它对发展上肢各部位关节的柔韧性、灵活性和肌肉的控制能力有较强的作用。球操,两手持球练习有助于增大动作幅度,充分展体,扩大胸腔,使胸部挺拔;两脚或腿持球必须用力夹紧,这就增加了腿的负荷,同时要求全身协调配合,对锻炼腰腹肌群效果较好,可以防止腰腹部脂肪堆积。器械训练就是通过器械的重量、形状和性能增加对肌肉的阻力和身体动作的限制,从而使肌肉受到刺激而增长其耐受力,达到消耗脂肪,增强关节的柔韧性、灵活性和控制力的目的,有利于塑造健美匀称的体型。特别是利用音乐配合练习,能提高练习者的兴趣,降低疲劳感,提高身体的协调性。

通过本章学习,掌握利用不同的器械,设计不同的动作的方法,达到既能全面锻炼身体,又能局部雕塑体形的目的。

第一节　器械形体训练概述

一、形体训练的器械分类

可以进行健身和形体训练的器械多达近百种,大致可分为三种类型:

(1) 全身性健身器械,属综合性训练器械,如 10 项综合训练器、家用 16 功能健身器等,可供多人同时在一个器械上进行循环性或选择性练习。这种健身器械体积较大,功能较全,价格不菲,适合健美中心、康复中心及机关或学校健身房使用。应该说明的是,多功能跑步机虽属全身性的健身器械,但它只是在单功能跑步机的基础上增加了划船、蹬车、俯卧撑、腰部旋转、按摩等功能,所以体积并不很大,同样适合家庭健身房。

(2) 局部性健身器械,多属专项训练器械,结构小巧,占地 1 平方米左右,多数能折叠,有的还兼具趣味性。其功能相对单一,主要侧重局部肌群的锻炼。此类器械既有以配重砝码、液压拉缸为重载的力量型,也有以自身为动力的非力量型,无需拆装组合。有的还配有时间、速度、距离、心率等电子显示装置,使锻炼者可以自己掌握运动量。此外,颇受健身爱好者的青睐,是家庭健身房的"主角",如健身自行车、划船器、楼梯机、跑步机以及小腿弯举器、重锤拉力器、提踵练习器等。

(3) 小型健身器械,体积虽小,可锻炼价值并不低。以可调式哑铃为例,它不仅适合不同年龄、性别和体质的人进行练习,而且可以使全身各部肌肉得到锻炼,更是健身爱好者的必备器械。再如,弹簧拉力器,轻便小巧,价格低廉,既便于存放,又易于携带,同样能达到健身强体的目的。而像健身球一类的小型健身器,则最适合中老年人使用。健身器械从锻炼的目的可以分为有氧运动器械和无氧运动器械两种,如人们所熟知的哑铃、壶铃、曲柄杠铃、弹簧拉力器、健身盘、弹力棒、握力器等。

二、器械形体训练的锻炼价值

器械形体训练,是在徒手练习的基础上,根据形体训练所要达到的目的和器械的性能特点,有选择地进行的一项练习。它不仅可以促进身体的正常发育,还可以矫正身体形态的某些不足。合理利用器械做针对性锻炼,还可改变骨骼的相对角度,如使胸围变大、变小,肩变宽、臀变翘,只有合理锻炼身体的各部位,体型才能有明显改善。而利用音乐配合练习器械时,又能提高练习者的兴趣,降低疲劳,提高身体协调性。

三、进行器械形体训练的注意事项

(1) 要知道如何练就自己所希望的体形,确定一个明确的目标,将想练就的理想体形与镜子中现在的自己进行比较。

(2) 确定自己的身体状况,根据自身的健康状况选择适合自己的练习器械与运动强度。

(3) 要做好准备和放松活动,防止受伤。要在热身后才进行器械训练,如果突然活动静止状态的肌肉,很容易造成肌肉、韧带甚至是关节的损伤。

(4) 在训练过程中要学会如何呼吸。当主动肌用力时,血管内的压力增强,这时不能憋气,而是应该在用力阶段呼气,返回阶段时吸气。呼气时用力,肌肉会更好地收缩,呼吸与用力很好地配合能使人建立良好的控制意识。

(5) 进行器械练习时做必要的调整。大多数器械都针对人的体型的不同而设计好了调整的办法,如果前一个使用者比你高出半头,你有可能发现坐进座位以后脚够不着地,这时你可以调整座位高度,让脚实实在在地放到地面上。另外,我们的关节大多是运动的轴心运动时,你的关节也最好和器械的转轴成一条直线,这样才会既安全又有效。

(6) 选择合适的重量,练习时注意循序渐进。"小力量,多次数"的训练方法,一般适合于初练者及以减肥和以锻炼肌肉耐力为目标的健身者。一般而言,合适的重量是自身尽最大努力可以举起 8~12 次的重量。这里并非指要使全力,而是指在不改变身体的姿态、没有其他部位帮助的情况下,所达到的力量。不要因为适合自己的重量比前一个人小就感到害臊,用适合自己的重量来锻炼才可以达到既安全,效果又好。当训练水平提高以后,可以用增加重量的方法来达到更好的效果。但要注意循序渐进,由易到难、由少到多、由轻到重进行锻炼;根据自己的体质情况,选择适宜的练习方法,控制运动负荷,以免在练习的过程中身体受伤。

做专门性的肌肉塑形训练时，一定要做好充分的准备活动，以防肌肉拉伤或韧带拉伤。每组练习一般做 3～5 组，每组做 8～15 次，每组之间的休息时间不超过 10 秒，根据自己的力量水平而定，以中等运动强度为主，自我感觉稍累或累；每周保证练习 3～4 次，练习结束后注意要充分放松，可采用伸拉肌肉、按摩、热敷等方式进行放松。

第二节　器械形体训练的基本方法

一、常见健身器械介绍

1. 哑铃

哑铃是一种用于增强肌肉力量训练的简单器材，它用于肌力训练和肌肉复合动作训练。长期坚持练习哑铃，可以修饰肌肉线条，增加肌肉耐力；经常做重量偏大的哑铃练习，可以使肌肉结实，强壮肌纤维，增加肌力（图 10－2－1）。

2. 拉力器

拉力器是一种方便、普及、有效的训练器械，对于进行形体塑形的人而言是一种较为理想的器械。拉力器锻炼的好处是可以充分锻炼上肢肌肉的力量与形状（图 10－2－2）。

图 10－2－1　　　　　　　　　　图 10－2－2

3. 杠铃

杠铃就是通过让人体在锻炼时负重，不仅可以快速提高肌肉的耐力和肌肉力量，消耗大量的卡路里，雕塑出完美的身体线条，而且还可以增加骨密度，预防骨质疏松症，改善内分泌，提高人体免疫力。可调节的杠铃片重量适合不同年龄、性别和体质的人士（图 10－2－3）。

4. 双杠

双杠（图 10－2－4）练习主要是在负担自身体重的情况下，发展支撑和支撑摆动的典型动作练习，对弥补上肢和躯干力量发展的不平衡有重要作用。通过双杠练习，能有效发展练习者上肢、肩带、躯干肌肉群的力量，特别对三角肌、胸大肌、腹、背肌的发展有显著效果，可使肘、肩、腰关节、韧带的柔韧性和活性得到增强。

5. 多功能健身器

多功能健身器一般包括扩胸器、引体向上、仰卧推举、仰卧起坐等器械的功能。扩胸器、引体向上、仰卧推举，主要用来锻炼上肢力量及胸大肌力量；仰卧起坐，主要用来锻炼腰肌群，减少腰腹部多余脂肪（图 10－2－5）。

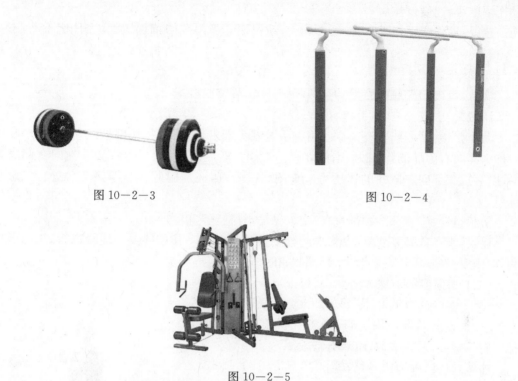

图 10－2－3　　　　　　　　　图 10－2－4

图 10－2－5

二、利用器械进行形体训练的基本方法

在器械形体训练中,可以塑造全身各部位肌肉群的动作有很多。下面重点介绍适合训练者独立操作的、具有代表性的、塑身训练效果显著的最佳动作。

（一）颈部肌肉群训练方法

1. 颈后伸

功效：发展颈部肌肉力量,健美颈部斜方肌和胸锁乳突肌群。

器械：徒手或负重帽。

动作要领：两脚自然分开站立,上体保持挺胸、收腹、紧腰的姿势,两肩固定,两手抱头交叉。吸气,用双手朝胸部方向下压头部,同时颈部保持紧张对抗,用力仰起头部,稍停 3 秒～4 秒。呼气,还原放松。重复练习。

易犯错误：肩部随颈部前后晃动,绕环动作幅度小、速度过快。

建议：动作要平稳,用力要缓慢均匀,动作幅度要大,颈部后伸时体姿固定不动。

2. 颈前屈

功效：发展颈部肌肉力量,健美颈部斜方肌和胸锁乳突肌群。

器械：徒手或负重帽。

动作要领：两脚自然分开站立,上体保持挺胸、收腹、紧腰的姿势,两肩固定,两手交叉,双手手掌按在前额。吸气,用力向前下低头,双手稍用力向后以对抗颈前屈的作用力,稍停 3 秒～4 秒。呼气,还原放松。重复练习。

易犯错误：肩背部随颈部前后晃动,颈部前屈时,借含胸屈肩背的力量完成动作,前屈动作幅度小、速度过快。

建议：动作要平稳，用力要缓慢均匀，动作幅度要大；颈部前屈时，体姿固定不动，不要借力。

3. 颈侧屈

功效：发展颈部肌肉力量，健美颈侧部胸锁乳突肌群。

器械：徒手或橡皮带、毛巾、拉力器。

动作要领：站姿或坐姿。自己用右手紧靠头部右侧，竭力将头部推向左侧肩方向，以对抗头部向右侧屈的作用力，稍停3秒~4秒。然后换左手，尽力将头部推向右侧肩方向，以对抗头部向左侧屈的作用力。头侧屈时吸气，还原时呼气。两侧交替进行。重复练习。

易犯错误：肩背部随颈部左右、上下晃动，脊柱侧弯借力。

建议：坐姿或站姿要稳，抬头挺胸紧腰，目视前方，动作始终要求缓慢进行，用力要均匀，动作要平稳，动作幅度要大，颈部侧屈时体姿固定不动。

（二）肩部肌群训练方法

1. 站姿持铃侧平举（图10—2—6）

功效：发展肩部肌肉力量，健美三角肌中束部，对增加两肩的宽度，矫正溜肩、窄肩有特效。

器械：哑铃、弹力带、拉力器。

动作要领：两脚开立，与肩同宽，上体保持挺胸、收腹、紧腰的姿势，两手拳心相对持哑铃下垂于体侧。吸气，持铃向两侧举起至手臂与肩齐平时稍停（持铃举起时，手肘处应略微弯曲，虎口向下压）3秒~4秒。呼气，持铃慢慢放下还原至体侧。重复练习。

易犯错误：用耸肩、含胸挺胸摆动动作借力，意念不集中。

图10—2—6

建议：持铃举起或放下时，上体不准前后摆动借助惯性力量举起，快举起慢放下，同时不准耸肩，意念集中于肩部。

2. 站姿持铃前平举（图10—2—7）

功效：发展肩部肌肉力量，健美三角肌群前束部和斜方肌群。

器械：哑铃、杠铃、弹力带、拉力器。

动作要领：两脚开立，与肩同宽，上体保持挺胸、收腹、紧腰的姿势，两手背向前持哑铃，下垂于腿前，两手持铃距同肩宽（双手握杠铃时，可采用中握距）。吸气，直臂持铃经体前举起，至与肩齐平时稍停2秒~3秒。呼气，再直臂慢慢放下还原。重复练习。

易犯错误：用耸肩、屈肘屈臂动作或上体前后摆动借力完成动作，意念不集中。

建议：直臂持铃举起时，手肘不要弯曲，上体不准耸肩或前后摆动借力，还原过程要直臂、挺胸、收腹、紧腰用力控制下落速度。也可两臂交替练习。可采用快举起慢放下的动作节奏，不准耸肩借力，意念集中于肩部。

图10—2—7

3. 躬身持铃侧平举

功效：发展肩部肌肉力量，健美三角肌群后束部和上背部肌肉群（大圆肌、小圆肌和冈下肌）。

器械：哑铃、弹力带、拉力器。

动作要领：两脚开立，比肩稍宽，躬身向前，躯体至上体与地面平行，背部保持平直，头部稍低下，两臂自然伸直，身体重心落在脚跟的垂线上。两手拳心相对，拳眼向前，持哑铃下垂于腿前。吸气，持铃向两侧举起，抬头挺胸塌腰，至与肩齐平时稍停3秒～4秒（持铃举起时，两肘略微弯曲）。呼气，再持铃慢慢放下还原至两臂下垂姿势。重复练习。

易犯错误：动作过程中，两臂和躯干夹角小于90°，呈后移、下垂状，不能保持侧身平举动作或用耸肩、屈肘屈臂动作或上体前后摆动借力完成动作，意念不集中。

建议：持铃举起或放下还原时，可采用快举起、慢放下的动作节奏，上体要挺胸、收腹、紧腰，不能上下摆动和耸肩借力，不要提踵。还原时，要用三角肌的力量控制，意念集中于肩部。

4. 坐姿颈前持铃向上推举（图10-2-8）

功效：发展肩部肌肉力量，健美三角肌群前束部、上胸部、肱三头肌和斜方肌群以及前锯肌群。可使上胸部和肩膀饱满结实，富有弹性。

图10-2-8

器械：杠铃、推举器、哑铃。

动作要领：坐姿，两手持杠铃置于胸上（锁骨窝处），拳心向前，两手持铃间距同肩宽或采用宽握距。上体保持挺胸、收腹、紧腰的姿势，目视前方。吸气，持铃垂直向上推起至两臂完全伸直，稍停2秒～3秒。呼气，慢慢放下还原。重复练习。

易犯错误：用挺胸、塌腰或躯干前后摆动借力完成动作，意念不集中。

建议：不准借助于上体摆动或躯干伸屈的力量来完成动作，意念集中于肩部。

5. 坐姿颈后持铃向上推举（图10-2-9）

功效：发展肩部肌肉力量，健美三角肌群后束部、肱三头肌和上背肌群，可美化肩、背部曲线，对矫正溜肩、窄肩等体姿，获得丰满、结实的肩膀有特效，还可以防治腰酸背痛等症状。

器械：杠铃、推举器、哑铃。

动作要领：坐姿，两手持杠铃置于颈后肩上，拳心向前，两手肘关节向两侧尽量张

图 10-2-9

开,两手持铃,两手间距离宽于肩。上体保持挺胸、收腹、紧腰的姿势,目视前方。吸气,持铃垂直向上推起至两臂完全伸直,稍停 2 秒～3 秒。呼气,慢慢放下还原。重复练习。

易犯错误:两手肘关节不向两侧张开;用挺胸、塌腰或躯干前后摆动借力完成动作,意念不集中。

建议:持铃向上推起时,为了集中使肱三头肌和上背肌群用力,两手肘关节应向两侧张开(尽量向后),同时向侧上方推举用力。上体应始终保持挺直的姿势,不准借助于上体摆动或躯干伸屈的力量来完成动作,意念集中于肩部。

6. 坐姿重锤双臂颈前下拉(图 10-2-10)

功效:发展肩部肌肉力量,健美三角肌群前束部、斜方肌和上胸、臂部肌肉群,可使肩膀丰满、结实、宽阔、秀丽动人,还可以防治含胸驼背等体姿。

器械:高滑轮重锤式拉力器、拉臂练习器。

动作要领:坐姿,两臂伸直上举,两手分别握住(两手采用正握或反握均可)头上方练习器横杠把柄或高滑轮拉绳横杠两端的把柄。吸气,两臂用力从头上方位置垂直向下牵引滑轮拉绳横杠至胸脯前,稍停 2 秒～3 秒。呼气,慢慢退让还原。重复练习。

易犯错误:牵引时,两臂用力不均衡,猛拉或突然还原;用塌腰、躬背或躯干前伸后屈摆动借力完成动作,意念不集中。

图 10-2-10

建议:两手正握采用宽握距或反握采用中握距,抓握练习器横杠把柄或高轮滑拉绳横杠两端的把柄;完成动作时,两臂要均衡用力,防止猛拉或突然还原。不准借助于上体摆动或躯干屈伸的力量来完成动作,意念集中于肩部。

7. 坐姿重锤双臂颈后下拉(图 10-2-11)

功效:发展肩部肌肉力量,健美三角肌群后束部、斜方肌群、上背部肌群和上臂部肌群,可使肩膀和上臂部丰满、挺拔、结实、宽阔、秀丽动人,对防止含胸驼背、溜肩。窄肩等体姿有特效,还可以防治腰酸背痛等症状。

器械:高滑轮重锤式拉力器、拉臂练习器。

第十章　器械形体训练

动作要领：坐姿，两臂伸直上举，两手分别握住头上方练习器横杠把柄或高滑轮拉绳横杠两端的把柄。吸气，两臂用力从头上方位置垂直向下牵引滑轮拉绳横杠或练习器横杠至颈后与肩平，稍停2秒～3秒。呼气，再缓慢还原。重复练习。

易犯错误：牵引时，两臂用力不均衡，猛拉或突然还原；用塌腰、躬背或躯干前伸后屈摆动借力完成动作，意念不集中。

建议：注意完成动作时，两臂要均衡用力，防止猛拉或无控制地突然还原。两手正握采用宽握距抓握横杠把柄或高滑轮拉绳横杠两端的把柄；不准借助于上体摆动或躯干屈伸的力量来完成动作，意念集中于肩部。

图10—2—11

8. 坐姿双手向上推举

功效：发展肩部肌肉力量，健美三角肌群后束部、肱三头肌和上背肌群，可美化肩、背部曲线，对矫正溜肩、窄肩等体姿，获得丰满、结实的肩膀有特效，还可以防治腰酸背痛等症状。

器械：推肩机、推举器。

动作要领：坐在推肩练习机凳子上，保持挺胸、收腹、紧腰的姿势，上体直立，目视前方，双脚搭在凳撑儿上或踩在地上。两手紧握推肩练习机的推杆把柄，两手肘关节弯曲，向内尽量夹肘，两手持铃距宽于肩。吸气，两臂用力垂直向上推起至两臂完全伸直，稍停2秒～3秒。呼气，再慢慢放下还原。重复练习。

易犯错误：两手肘关节向两侧张开；两臂用力不均衡，突然猛推或突然性暂停和还原；用塌腰、躬背或躯干前伸后屈摆动借力完成动作，意念不集中。

建议：向上推起时，动作要柔和有序，为了集中使肩部肌群用力，两手肘关节应同时向内夹肘，用力垂直向上方推举。上体应始终保持挺直的姿势，不准借助于上体摆动或躯干伸屈的力量来完成动作，防止动作过于突然或中途暂停。

9. 站姿双手持铃提肘上拉（图10—2—12）

图10—2—12

功效：发展肩部肌肉力量，健美三角肌群、斜方肌群和肩胛提肌群，可使肩部、上胸部挺拔。

器械：杠铃、哑铃、拉力器。

动作要领：两脚开立，上体直立，保持挺胸、收腹、紧腰的姿势，目视前方，两手背向握住哑铃或杠铃，两手间握距为一个手掌宽，持铃下垂于腿前。吸气，持铃屈肘贴身提起至胸前稍停2秒～3秒，这时两肘尖尽量上提。呼气，持铃慢慢贴身放下还原。重复练习。

易犯错误：屈肘上提铃不贴身；肘尖不能与地面保持垂直状态；上体后仰摆动借力。

建议：上提时，要集中三角肌、斜方肌和肩胛提肌的收缩力量，持铃屈肘尽量贴身，动作过程中，上体保持挺胸、收腹、立腰姿势，不准前后摆动，两肘尖应向上。持铃还原时，要有意识地控制下落速度，做"下压挺胸"动作。

10. 站姿双手持铃耸肩

功效：发展肩部肌肉力量，健美斜方肌群和肩胛提肌群，可使肩部丰满挺拔、秀丽动人，并对防治和矫正驼背含胸等体姿有特效。

器械：杠铃、哑铃、拉力器。

动作要领：两脚开立，与肩同宽，上体保持挺胸、收腹、紧腰的姿势，两手背向前持杠铃，下垂于腿前，两手持铃距同肩宽（双手握杠铃时，可采用中握距）。或两手正握哑铃、拉力器等器械。吸气，两肩用力上耸，肩峰似乎要触及耳朵，稍停2秒～3秒。呼气，再持铃还原放松。重复练习。

易犯错误：屈肘上提铃；上体前屈后仰摆动借力。

建议：站立时，要挺胸、收腹、紧腰，做动作时两臂要始终伸直放松，自然下垂，不得屈臂用力。

（三）臂部肌群健美训练动作

1. 站姿双手持铃反握弯举（图10—2—13）

功效：发展臂部肌肉力量，健美肱二头肌肉、肱肌和肱桡肌等肌肉群，美化上肢曲线。

器械：杠铃、哑铃、拉力器。

动作要领：两脚开立与肩同宽或稍窄于肩宽。上臂肘部夹贴体侧不动，双手松握。吸气，两臂同时屈肘向上弯起杠铃至胸前，上臂与前臂之间的夹角略小于90°，意念集中于上臂部肌肉群，稍停3分钟～4分钟。呼气，慢慢地持铃放下还原。重复练习。

易犯错误：肘部前后移动；上臂弯曲角度过小；上体前后摆动借力；意念不集中。

图10—2—13

建议：持铃弯起或放下时，上臂一定要紧贴体侧，意念要集中在臂部肌群，不准前后移动，手腕必须与前臂保持直线状，不准上下弯动。两臂还原下垂时，要充分伸直，尽量放松。

2. 坐姿托肘单手持铃反握弯举（图10—2—14）

功效：发展上臂部肌肉力量，健美肱二头肌肉、肱肌和肱桡肌等肌肉群，美化上肢

图 10—2—14

曲线。

器械：哑铃。

动作要领：两脚开立，上体略向前倾坐在凳子上，单手握住哑铃下垂于两腿间，虎口朝前，并使上臂的外侧靠托在大腿内侧。向上抬起前臂，同时吸气。慢慢地持铃放下还原随即呼气。两手交替重复练习。

易犯错误：前臂还原下垂时，不能充分伸直；上臂弯曲角度过小，上体前后摆动借力；意念不集中。

建议：坐着练习的意义主要是使下肢处于固定不动的状态中，单臂练习可以使用力更集中。手腕做向外旋转臂弯举动作，会产生更佳的效果。手腕必须与前臂保持直线状，不准上下弯动。上臂肘关节和身体不准移动位置，意念要集中在上臂部肱二头肌群。两臂还原下垂时，要充分伸直，尽量放松。

3. 坐姿托肘双手反握弯举

功效：发展上臂部肌肉力量，健美肱二头肌等屈肘肌群，美化上肢曲线。

器械：斜板弯举机、前臂屈伸器。

动作要领：坐在斜板弯举机的凳子上，双手握住把柄，肘关节依托斜板固定。吸气，上抬前臂弯举至手部与肩部齐高位置，稍停3秒～4秒。呼气，缓慢放下还原。重复练习。

易犯错误：上臂抬离斜板；猛起猛落；前臂还原下垂时，不能充分伸直；上体不固定，前后摆动借力；意念不集中。

建议：注意完成动作过程中，上身要稳固，上臂始终紧抵住斜板，不要抬起。动作速度均匀、缓慢，不要猛起猛落，意念要集中在上臂部肱二头肌群；两臂还原下垂时，要充分伸直，尽量放松。

4. 站姿低滑轮双手反握弯举（图10—2—15）

功效：发展上臂部肌肉力量，健美肱二头肌等屈肘肌群，美化上肢曲线。

动作要领：面对低滑轮重锤拉力器，两脚分开站立，与肩同宽，上体保持挺胸、收腹、紧腰的姿势。两臂向下伸直置于体侧，两掌心向前握住拉力器把柄，保持身体平衡。吸气，两上臂固定同时屈肘向上牵拉引绳把柄，提起至胸前，稍停3秒～4秒。呼气，缓慢放下还原。重复练习。

易犯错误：上臂和肘部不固定；猛拉猛落；前臂还原下垂时，不能充分伸直；上体前后摆动借力；意念不集中。

图 10—2—15

建议:注意在完成动作过程中,上体要稳固,肘部要固定,上臂始终贴住躯干。注意向上提拉时,身体和肘部不要前后摇摆助力。动作速度均匀、缓慢,不要猛拉猛落,意念要集中在上臂部肱二头肌群。两臂还原下垂时,要充分伸直,尽量放松。

5. 躬身持铃肘屈伸(图10—2—16)

功效:发展上臂部肌肉力量,健美肱三头肌肉和肱桡肌等肌肉群。

器械:哑铃。

动作要领:两脚开立或单腿屈膝跪在凳子上,躬身向前,左(右)手支撑在凳子上,使背部与地面平行,上臂紧贴体侧与地面平行,前臂下垂,手握哑铃,虎口朝前。吸气,用力伸肘,以肘关节为轴伸前臂,向后上方拉举哑铃,直至全臂完全伸直,且手腕要向上翻转,稍停3秒～4秒。呼气,缓慢放下还原。两臂交替重复练习。

图10—2—16

易犯错误:上臂和肘部不固定;上臂不能充分伸直;手腕没有翻转动作;上体肩部上下移动借力;意念不集中。

建议:上臂固定不动,整个动作稍慢,均匀用力,意念要集中在背部肱三头肌和肘肌群上,尤其是要做好伸直手臂时向上翻腕的动作,这样肱三头肌群就可以极力收紧,训练效果更佳。

6. 站姿颈后双手持铃肘屈伸

功效:发展上臂部肌肉力量,健美肱三头肌肉和肱桡肌等肌肉群。

器械:杠铃、哑铃。

动作要领:身体直立,两手正握或反握杠铃,上臂屈曲固定在头的两侧,肘尖朝上。吸气,以肘关节为轴,用力将前臂伸直至上举,稍停2秒～3秒。呼气,曲臂慢慢落下还原至颈部后。重复练习。

易犯错误:上臂和肘部不固定;上臂不能充分伸直;手腕没有翻转动作;上臂和躯干前后摆动借力;意念不集中。

建议:上臂必须紧贴耳侧,两肘夹紧,意念要集中在臂部肱三头肌和肘肌群上,上臂保持与地面垂直状,两肘尖向上,不要向前后移动借力。尤其是持铃举至最高点时,两手腕要收向前下压翻腕的动作,这样能使肱三头肌群彻底收紧,训练效果更佳。

7. 站姿双臂胸前屈肘下压

功效:发展上臂部肌肉力量,健美肱三头肌和肘肌等肌肉群,美化上臂曲线。

器械:高滑轮重锤拉力器。

动作要领:面向高滑轮重锤拉力器,两脚开立,与肩同宽,抬头、挺胸、收腹、紧腰,身体直立。两臂屈肘于胸前,两手正握住高滑轮拉绳横杠两端的把柄,手心向下,虎口相对,手腕必须与前臂保持直线状。吸气,两前臂用力伸肘向下拉压(压掌)至两臂伸直于腹前,稍停2秒～3秒。呼气,缓慢还原至胸前。重复练习。

易犯错误:上臂和肘部不固定;上臂能充分伸直;猛拉压或突然还原;两臂伸直时手腕没有立腕压掌动作;上体前后摆动借力;意念不集中。

建议:注意动作要舒展,肘关节要紧贴体侧,防止猛拉压或拉压到中途未能完成动作。

身体不要前伸后仰助力,尤其是两前臂伸直时,两手腕要做"立腕压手掌"的动作,这样能使肱三头肌群彻底收紧,训练效果更佳。

8. 仰卧撑挺身(图10—2—17)

图10—2—17

功效:发展臂部肌肉力量,健美肱三头肌、肘肌和肩胸部等肌肉群,对防治含胸、驼背等体姿有特效。

器械:椅子、瑜伽垫。

动作要领:坐在椅子上,身体仰卧,两手背后撑在椅子面两侧,两脚放在地上。吸气,上体后靠,身体呈挺胸、收腹、紧腰、夹臀、臂直、腿直的姿势,重心移至手臂上,使身体成一直线,稍停2秒～3秒。呼气,两臂慢慢屈肘、屈体,臀部尽量下沉至最低程度,肘部要高于肩部,稍停2秒～3秒。然后再吸气,用力伸直两臂撑起身体还原。重复练习。

易犯错误:含胸塌腰,两臂伸不直;身体下落时屈肘角度太大,肩部高于肘部,屈体不够;意念不集中。

建议:臂屈伸时,中速平稳,身体要直,两肘要向内夹臂,同时要挺胸、收腹、紧腰,意念要集中。抬高脚的高度或负重可提高训练的难度。

9. 站姿直臂双手持铃后上拉举

功效:同"站姿颈后双手持铃肘屈伸"动作。

器械:杠铃。

动作要领:两脚开立,距离与肩同宽,上体保持收腹、紧腰、挺胸状,身体直立,双手正握或反握杠铃于体后。吸气,然后用力向后上拉抬举至最高点,稍停2秒～3秒。呼气,缓慢还原,重复练习。

易犯错误:上体前屈摆动借力;耸肩屈肘上拉;躯干与两臂之间夹角太小。

建议:采用中握距抓握杠铃。用反握杠铃后上拉抬举至最高点时,应使两手腕向上翻转,使肱三头肌彻底收紧,这样做训练效果更佳。两臂后上拉抬举与躯干之间的夹角越大越好,有利于上体借力后上拉抬举。

10. 站姿双手持铃正握弯举

功效:发展臂部肌肉力量,健美前臂后群伸指肌群和上臂肱三头肌、肱二头肌群。

器械:杠铃。

动作要领:两脚开立,与肩同宽,身体直立,保持挺胸、收腹、紧腰状,两手背向前,虎口相对握住杠铃,直臂下垂于腿前。吸气,持铃弯起至胸前,稍停2秒～3秒。呼气,持铃慢慢放下还原。重复练习。

易犯错误:肘部前后移动不固定;屈腕握铃;上体前后摆动借力;意念不集中。

建议:动作过程中,意念要集中在前臂肌群。采用窄握距抓握杠铃,持铃弯起和放下时,上臂必须贴紧体侧,直腕握铃,不准上下弯动。两臂还原下垂时,要充分伸直,尽量放松。不准前后移动借力完成动作。

11. 坐姿双手持铃反握腕屈伸

功效：发展前臂部肌肉力量，健美前臂屈伸肌群，美化前臂曲线。

器械：杠铃。

动作要领：坐在凳子上，屈肘，两前臂放在大腿上，两上臂和肘关节向内夹紧，两手掌心向上，虎口朝外握住杠铃，两手间距和肩同宽，或窄于肩宽，两手腕握铃悬空在膝部沿外侧松腕下垂。吸气，用力持铃向上屈腕弯起，直到手腕部能再向上弯曲时为止（极限），稍停3秒～4秒。呼气，松腕持铃慢慢放下还原。重复练习。

易犯错误：前臂抬离腿面；手腕屈伸幅度不够充分。

建议：动作过程中，意念要集中在前臂肌群。前臂要紧贴在大腿上，不得抬离腿面。

12. 重锤握力器交替握

功效：发展前臂部和手部肌肉力量，健美前臂屈伸肌群和手部肌群，美化前臂曲线。

器械：重锤握力器、弹簧握力器。

动作要领：面对器械两脚开立，与肩同宽，躬身收腹、紧腰、挺胸，两臂下垂，左手大拇指握住练习器固定把柄，自然呼吸，左手像虎钳似的用力做抓握动作。左右手交替进行。重复练习。

易犯错误：抓握无力；两把柄不充分贴紧。

建议：抓握练习器固定把柄和练习器阻力杠把柄时一定要充分贴紧；每组练到极限次数效果最佳。

13. 站姿双手卷棒

功效：发展臂部肌肉力量，健美前臂桡侧和尺侧腕肌及前臂肌群。

器械：卷力器。

动作要领：两脚开立，与肩同宽，身体直立，呈挺胸、收腹、紧腰的姿势，前平举（正握）或两臂屈肘（反握），两手握住卷绳棒。自然呼吸，两手交替转动卷绳棒，随着绳子的不断卷起，重物不断提升，直至把绳子卷完，然后再反方向转动卷绳棒，使重物下落还原。重复练习。

易犯错误：上臂和前臂上下起伏和屈肘移动借力。

建议：动作过程速度不宜过快，意念要集中在前臂肌群。卷棒时，上臂和前臂固定不动，两臂不要上下起伏和移动，每次卷动幅度可尽量大些。还原时，要向里卷棒，不得放松使重物滑下。每次卷棒，要将绳子完全缠绕在木棒上后再放下来。呼吸要与动作速度协调配合。

14. 弹簧拉力器交替握

功效：同"重锤握力器交替握"动作。

器械：弹簧握力器。

动作要领：两脚开立，与肩同宽，收腹、紧腰、挺胸、身体直立、两臂下垂，左手大拇指握住练习器固定把柄，其余四指握住练习器阻力杠把柄，自然呼吸，直臂贴紧体侧，左手像虎钳似的用力做抓握动作，左右手交替进行。重复练习。

易犯错误：抓握无力；两把柄未充分贴紧；屈肘摆动借力。

建议：直臂用力抓握，其他同"重锤握力器交替握"动作。

（四）胸部肌群训练动作

1. 站姿双臂屈伸（图 10－2－18）

功效：发展胸臂部肌肉群力量，健美胸部和上肢及肩、腹、背肌群，有助于防止乳腺萎缩，对获得富有曲线美的胸部有特效。

图 10－2－18

器械：椅子。

动作要领：面向椅面，两臂伸直撑在椅座两边，同肩宽，两脚着地，两腿伸直并拢，呈俯撑。身体挺直下压，屈臂，两肘靠紧体侧，使身体缓慢下降，同时呼气，然后吸气，将臂推直还原，同时抬头挺身，稍停 2 秒～3 秒。重复练习。

易犯错误：屈伸臂部充分；塌腰、翘臀借力；意念不集中。

建议：动作过程中，腹部不能下沉，臀部向上拱起或直臂支撑时两肩胛耸起，意念要集中在胸部。

2. 仰卧双臂屈伸

功效：发展胸、臂部肌肉群力量，健美胸大肌和肱三头肌群。

器械：仰卧撑架或凳子。

动作要领：以两脚跟支撑在凳子的断面上，两臂伸直与地面垂直支撑在另一只凳端，全身挺直，眼看前方。呼气，屈肘使身体慢慢下降至臀部稍离地面，肘部高于肩部，稍停 2 秒～3 秒。吸气，以肱三头肌伸直的力量，挺胸夹肘，使两臂充分伸直，还原。重复练习。

易犯错误：两臂伸不直，身体挺不直，身体下落时屈肘角度太大，肩部高于肘部；屈体不够；弓腰、提臀借力；意念不集中。

建议：两臂伸直时，使胸脯至下腹处尽力向上挺起成"桥形"或"满弓形"。要把意念集中在胸肌上，使肌肉始终处于相对紧张的状态中，有利于肌肉群很快达到"发胀"的状态。

3. 俯卧双臂屈伸

功效：发展胸、臂部肌肉群的力量，健美胸大肌、肱三头肌和三角肌群，可使胸部丰满挺拔。

器械：俯卧撑架或徒手。

动作要领：两臂伸直撑在地上，使肩胛骨略向前倾，头稍抬起，眼看前方。呼气，两上臂贴近体侧屈肘时，使躯干保持伸直，慢慢下降至最低位置。应使肩关节放松，胸大肌充分伸长，头部向前方探起，胸腔有完全扩张的感觉，稍停 2 秒～3 秒。吸气，胸大肌突然收缩同时伸臂，直至两臂伸直，胸部挺起，全身应保持挺直的姿势，稍停 3 秒～4 秒。重复练习。

易犯错误：沉肩、耸肩；缩胸或弓腰、提臀借力；意念不集中。

建议：动作过程中，意念要集中于胸部，不能使腹部下沉，不沉肩、不塌腰、不撅臀，直臂支撑时,两肩胛不要耸起。

4. 平卧双手持铃推举

功效:发展胸、臂部肌肉群力量,健美胸大肌、肱三头肌和三角肌群。

器械:举重床、仰卧推举架、杠铃。

动作要领:两腿分开躺在举重床上,身体保持平稳,呈挺胸沉肩状,双手掌心朝上握住杠铃,握距与肩同宽或大于肩的宽度,将杠铃横杠放在胸部乳头处,胸腔充分伸展开。吸气,两臂用力向上推举起杠铃,两手臂充分伸直,并挺胸,胸大肌收紧,稍停2秒~3秒。呼气,两臂慢慢屈肘下放杠铃,还原。重复练习。

易犯错误:推举过程两臂不夹肘、不夹胸;含胸、耸肩;顶腰、挺髋、提臀借助腰部的力量;意念不集中。

建议:杠铃向上推起时,两肘内收,夹肘的同时夹胸略向前倾,呈抛物线的运动轨迹。两臂伸直时,杠铃重心处于肩关节的支撑点上,杠铃推起两臂伸直和还原时,必须保持"挺胸沉肩"的姿势,意念要集中于胸部,这时胸大肌处于完全收紧状态。如果呈"含胸耸肩"的姿势,那么胸大肌就处于松弛状态,而三角形肌和肱三头肌等部位反应却很明显,这样就影响了训练的效果。

5. 仰卧双手推举

功效:发展胸部、臂部肌肉群力量,健美胸大肌、肩部三角肌和上臂肱三头肌群。

器械:卧推举。

动作要领:仰卧在卧推机的固定躺椅上,呈挺胸沉肩状,脚离地面。屈臂,两手分别握住头上方阻力器的把柄上,两手握距略宽于肩。吸气,两臂向上用力的同时,两肘内收,夹胸,推起阻力器横杠,尽可能达到与地面垂直,肘和臂均要充分伸直展开,稍停2秒~3秒。呼气,缓慢还原。重复练习。

易犯错误:两臂用力不均衡,突然猛推或突然性暂停和还原;用含胸耸肩或顶腰、挺髋、提臀借力完成动作;意念不集中。

建议:注意动作过程中,不要间断或推力过猛,意念要集中于胸部。

6. 平卧拉力器扩胸

功效:发展胸、臂部肌肉群力量,健美胸大肌群和三角肌群。

器械:弹簧拉力器、仰卧凳。

动作要领:仰卧在长凳上,两手握拉力器把柄,掌心相对,两臂伸直,器械置于胸部上方。吸气,两臂向两侧慢慢将拉力器向两侧及下方拉开到两手略低于两肩,稍停2秒~3秒。呼气,缓慢退让还原,重复练习。

易犯错误:扩胸时,力量和速度要有控制,幅度要尽可能大,意念要集中于胸部肌群。

7. 平卧双手持铃扩胸

功效:发展胸、臂部肌肉群力量,健美胸大肌群,对扩大胸腔和美化胸部曲线有特殊作用。

器械:哑铃、仰卧凳。

动作要领:仰卧在凳子上,两手拳心相对握住哑铃,两臂伸直持铃置于胸部上方,必须保持"挺胸沉肩"的姿势。呼气,两臂向两侧逐渐屈肘张开,两肘间的角度逐渐变小(上臂和前臂之间的夹角在100°~120°之间),一直下降到极限位置,稍停2秒~3秒,使胸大肌感到已充分扩张,整个胸腔完全挺起。吸气,两臂持铃向上举起,以胸大肌的收缩力量,使两肘的角度逐渐变大,两臂上举路线形似"抱树"状,直至最后两臂完全伸直还原。重复练习。

易犯错误:扩夹胸过程,两肘间角度无变化;含胸耸肩;意念不集中。

建议:两手握铃应稍松些,以在动作过程中不脱落为原则。两臂持铃举起至还原成垂直位时,要做到两臂伸直夹胸,由屈伸直,挺胸沉肩,意念集中。

8. 坐姿屈臂扩夹胸

功效:发展胸、臂部肌肉群力量,健美胸大肌和肩部三角肌群,对塑造丰满挺拔的胸部、宽阔饱满的肩膀有特殊效果。

器械:扩胸机(蝴蝶训练机)。

动作要领:坐在蝴蝶训练机(指专门训练胸部的器材)固定椅上,上体直立,呈挺胸、收腹、紧腰的姿势,屈肘,两前臂上举放在阻力器的护垫上,前臂与地面保持垂直,上臂与地面平行。吸气,以肩关节为轴,两上臂为杠杆,两肘部同时用力水平向中间夹胸,使两个相分离的阻力器护垫尽可能地接触到一起,稍停2秒~3秒。呼气,缓慢还原。重复练习。

易犯错误:两手掌用力抱夹胸;突然猛夹或突然还原;意念不集中。

建议:注意动作完成要舒缓、从容,防治突然猛夹或放松还原,意念要集中于胸脯肌群。

9. 坐姿双手前平推

功效:发展胸、肩、臂部肌肉群力量,健美胸大肌、三角肌前部和肱三头肌群。

器械:平推机。

动作要领:坐在平推机固定凳子上,挺胸、收腹、紧腰,上体直立,双脚搭在凳撑儿上,两手紧握平推机的把柄,两手间距宽于肩,抬臂屈肘与肩平行。吸气,两臂用力向前推起,肘关节伸直,稍停2秒~3秒。呼气,缓慢后退还原。重复练习。

易犯错误:屈肘不抬臂;含胸耸肩;突然猛推或突然还原;意念不集中。

建议:完成动作时要柔和有序,防止动作过于突然或中途暂停,意念要集中于胸脯肌群。

10. 双杠双臂屈伸

功效:发展胸、肩、臂部肌肉群力量,健美胸大肌群,特别是胸肌下半部、肩部三角肌和上臂肱三头肌群。

器械:双杠。

动作要领:两杠间距最好宽于肩,双手握杠成直臂支撑,挺胸、收腹、紧腰,两腿伸直并拢放松下垂状。呼气,屈肘弯臂,身体下降,直至两臂弯曲降低到最低位置时(肩部低于肘部),头部向前探,两肘外展,臀部略向后缩,躯干呈"低头含胸"的姿势,使胸大肌充分拉长伸展,稍停2秒~3秒。吸气,以胸大肌突然收缩的力量支撑两臂,同时挺胸抬头紧腰,使身体上升至两臂完全伸直;两臂伸直时,胸大肌处于彻底收紧状态,稍停3秒~4秒。重复练习。

易犯错误:两臂弯曲不到位,肩部高于肘部;撑起身体前后摆动借力;意念不集中。

建议:动作要缓慢,不要借身体的振摆完成动作;撑起时速度要快,要夹肘、挺胸、抬头、收腹、不耸肩,意念要集中在胸部肌群。

(五)腹部肌群训练动作

1. 仰卧直腿起坐

功效:发展腹部肌肉力量,健美上腹部肌群,减缩多余脂肪,祛除赘肉,美化腹部曲线。

器械:徒手、垫子。

动作要领:仰卧在垫上,双肩胛骨着地,两臂伸直上举,双腿并拢不动。吸气,用力收缩腹肌,使躯干抬起(含胸收腹),腰部着地,两手臂前伸,躯干与地面夹角成30°~40°。稍停2秒~3秒。呼气,躯干缓慢向后倒下还原。重复练习。

易犯错误:屈膝抬腿借力;意念不集中。

建议:动作要平稳、缓慢,头前屈;意念要集中在上腹部肌群;腿要伸直,不要使膝和大腿抬离地面。

2. 仰卧屈膝起身

功效:发展腹部肌肉力量,健美上腹部肌群,减少多余脂肪,美化腹部曲线。

器械:徒手、垫子。

动作要领:屈膝仰卧在垫子上或板凳上,上体伸展,屈臂两手抱住头部,两肘外张。吸气,用上腹肌的收缩力量使上体向上抬起至下颌触及胸部,稍停3秒~4秒。呼气,两肘外张上体后仰还原。重复练习。

易犯错误:突然起身、落下;屈膝抬腿借力;意念不集中。

建议:动作要平稳、缓慢,头前屈、腿屈膝;意念要集中在上腹部肌群;两腿不动,不要使脚和臀部抬离垫子。

3. 仰卧直腿上举

功效:发展腹部和腿部肌肉力量,健美下腹部肌群和腿部肌群,减缩下腹部多余脂肪,美化腹部和腿部曲线。

器械:徒手、垫子。

动作要领:仰卧在垫上,两手掌心向下置于臀部两边。上体不动,左腿伸直上举与上体成90°,绷脚尖。慢慢落下还原,正常呼吸。换右腿做同样动作。再接着两腿同时上举与地面成垂直状,然后还原。重复练习。

易犯错误:屈膝、勾脚尖;意念不集中。

建议:直腿上举时快,放下时稍慢,脚背绷直,意念要集中在下腹部,臀部不要抬离垫子。

4. 仰卧举腿交叉摆动

功效:发展腹部和腿部肌肉力量,健美下腹部肌群,强健腹部肌肉,使腹部平坦坚实,轮廓清晰,兼有美化腿部曲线的佳效。

器械:徒手、垫子。

动作要领:仰卧,两腿分开伸直上举,绷脚尖,屈臂双肘在体后支撑,手掌平放在垫上。腹肌收紧,两腿左右交叉摆动,即右(左)腿在上,左(右)腿在下。自然呼吸,再把两腿并拢,脚尖绷直上举,两腿上下交叉摆动。重复练习。

易犯错误:屈膝、勾脚尖;摆动幅度不大;意念不集中。

建议:动作过程中,意念要集中在下腹部肌肉群;两腿要伸直,膝盖不能弯曲,两腿交叉和分开幅度要大。

5. 仰卧起身抱腿

功效：发展腹部和腿部肌肉力量，健美下腹部肌群，特别对女性腹腔内各器官有特殊保健作用。

器械：徒手、垫子。

动作要领：仰卧在垫上，两臂伸直，掌心向下置于体侧。左腿屈膝上抬，同时吸气，两手抱膝使大腿尽量靠胸，上体抬起，眼看左膝。呼气还原伸直。换右腿做相同动作。再接着做双腿同时屈膝的动作。重复练习。

易犯错误：屈膝团身不紧；动作不协调；意念不集中。

建议：动作过程要平稳、连贯；意念要集中在下腹部肌肉群。

6. 悬垂屈膝上举

功效：发展腹部和腿部肌肉力量，健美下腹部肌群、腿部肌群和髂腰部肌群。减缩下腹部多余脂肪，美化腹部和腿部曲线。

器械：单杠、腹部练习器。

动作要领：两手紧握头上方固定把柄，身体悬垂，两腿伸直并拢。吸气，收腹屈膝，使小腿与地面保持垂直，大腿与地面呈平行状态，"定格"静止不动，稍停3秒~4秒。呼气，缓慢使伸直的两腿下落还原。重复练习。

易犯错误：收腹屈膝不到位；身体摆动借力；意念不集中。

建议：动作过程中，意念要集中在下腹部肌肉群；不要借助身体摆动的力量。

（六）背部肌群训练动作

1. 坐姿双手划船

功效：发展背部肌肉群力量，健美背阔肌群，强健胸、臂肌群。

器械：划船机。

动作要领：坐在划船机移动式结构的座椅上，两手握住划船机双桨把手，上身直立，同时屈膝固定两踝。吸气，两臂向后拉划双桨，同时上体挺胸后仰，两腿蹬直，稍停2秒~3秒。呼气，两臂向前推送桨柄，上体抬起直立，两腿屈膝还原，重复练习。

易犯错误：低头含胸；用力不协调；意念不集中。

建议：双臂划桨要有节奏，用力要均匀。双臂拉划时，两脚要固定好，便于全身用力和两臂发力。意念要集中在背部肌肉群。

2. 躬身双手持铃上拉

功效：发展背部肌肉群力量，健美背阔肌群、肩部肌群和臂部肌群，使整个背部呈现优美动人的V形。

器械：杠铃、哑铃。

动作要领：两脚开立，与肩同宽，两手背向前持铃下垂于腿前，两腿自然伸直，上体向前屈，使背部与地面保持平行状态，臀部稍向后移，使身体重心处于两脚跟之间的垂线上。吸气，持铃沿腿前提起，直至杠铃杆贴住小腹部，两上臂应紧贴体侧，抬头、挺胸、紧腰，稍停2秒~3秒。呼气，两手持铃慢慢沿腿前放下还原。重复练习。

易犯错误：低头、含胸、弓背；躯干上下摆动借力；意念不集中。

建议：两手松握杠铃，意念要集中在背部肌群。握距有三种：两手间隔10厘米左右为窄握，主要健美背阔肌上部；中握距与肩同宽，主要健美背阔肌中上部，初级练习者适宜采用中握距;上体与地面保持的角度应始终不变,身体不得有任何起伏和摆动;两手持铃提起和放下时,杠铃的横轴必须沿腿前上提或落下,但杠铃片不能触地;动作要平稳缓慢。

3. 躬身单手持铃上拉

功效:发展背部肌肉群力量,健美背阔肌群、肩部肌群和臂部肌群。

器械:哑铃。

动作要领:两脚开立,一手扶在凳子上,也可以单腿跪在凳子上,使背部与地面平行;另一手拳心向内直臂在腿侧持哑铃。吸气,用背阔肌收缩的力量,屈肘向上提拉起哑铃至小腹外侧,上臂要贴紧体侧,稍停2秒~3秒。呼气,持铃缓慢沿腿侧放下还原。重复练习。

易犯错误:躯干左右扭转、上下摆动借力;向上提拉不充分;意念不集中。

建议:这是一个较"双手持铃上拉"动作更能集中训练背阔肌的典型动作。练习过程中,手要松握哑铃,意念要集中在背部肌群上,上体不得扭转。屈肘向上提拉时,应尽量向上至最大限度。注意左右手交替练习。

4. 坐姿对握腹前平拉

功效:发展背部肌肉群力量,健美背阔肌群和上背部肌群。

器械:平拉练习机、拉力器。

动作要领:面向低滑轮重锤拉力器,坐在垫子上,上体直立,挺胸、收腹、紧腰,两臂伸直,两手分别对握住低滑轮拉绳的两个把柄,手心现对,虎口朝上,同时直膝,两脚固定。吸气,两臂向后方拉动牵引绳,两肘尖向后超过躯干的垂线,使两肩胛骨充分夹紧。当拉绳的两个把柄触及腹部外侧后,稍停2秒~3秒,两肩胛骨要充分夹紧。呼气,缓慢还原。重复练习。

易犯错误:动作过程中,上体前倾后仰借力;两臂突然拉放;意念不集中。

建议:动作做得要完整,肌肉收缩要充分,意念要集中在背部肌群上,要防止猛拉或猛放动作。

5. 颈后宽握引体向上

功效:发展背部肌肉群力量,健美背阔肌群、肩部肌群和臂部肌群,可美化肩背部曲线,使整个背部呈现出优美动人的V形。

器械:单杠、悬垂练习器。

动作要领:两臂悬垂在单杠上,两手宽握距,正手握紧横杠,使腰背以下部位放松,背阔肌充分伸长,两小腿弯曲抬起。吸气,集中背阔肌的收缩力量,屈臂引体上升至颈后接近或触及单杠面,稍停2秒~3秒。呼气,以背阔肌的收缩力量控制住,让身体慢慢下降还原。重复练习。

易犯错误:躯干前后、上下摆动借力;下落时,两臂伸不直;意念不集中。

建议:动作过程中,意念要集中在背部肌群,身体不要前后摆动利用惯性助力;全身下垂时,肩胛不要放松,使背阔肌群充分伸长。意念要集中在背部肌群上。

(七) 腰部肌群训练动作

1. 仰卧屈膝举腿转腰

功效:发展腰背部肌群力量,健美腰部肌群,减缩多余脂肪和赘肉,美化腰腹曲线。

器械:徒手、垫子。

动作要领：仰卧，双腿屈膝上提至小腿与垫面平行、大腿与垫面垂直，两臂侧举，手心贴在地面上。双腿一起向右摆，身体向右拧转至右膝触垫面，两手臂尽量不离开垫面，然后还原。双腿再向左摆，身体向左拧转至左膝触垫面。左右交替进行。重复练习。

易犯错误：两手臂和肩部离开垫面；身体左右拧转不到位；意念不集中。

建议：呼吸要自然，两臂和肩部不能离开垫面，身体拧转要充分，意念要集中在腰腹部肌群。

2. 仰卧直腿举腿转腰

功效：发展背部肌肉群力量，健美腰腹、臀部肌群，兼有美化腰、臀、腿部曲线作用。

器械：垫子。

动作要领：仰卧，两臂侧伸，手掌朝下贴在垫子上。双腿并拢、抬起与垫面垂直，然后摆向左侧慢慢下落，左脚侧面触地，稍停2秒~3秒。接着双腿还原至上体垂直，再摆向右侧慢慢下落，至右脚侧面触地，稍停2秒~3秒后还原成垂直姿势。重复练习。

易犯错误：两手臂和肩部离开垫面；腿举不直；身体左右拧转不到位，脚未触及垫面；意念不集中。

建议：呼吸要自然，两肩和两臂不得移动。

3. 仰卧直腿举腿侧摆

功效：发展腰背部肌肉群力量，健美腰部肌群，兼有美化腿部曲线的作用。

器械：垫子。

动作要领：仰卧，两臂侧伸成一字形置于垫面上，手心贴垫面。右腿伸直举起与地面垂直，接着右腿向左侧落下，并以脚尖触垫面，同时腰腹部随之向左拧转，手臂尽量不离开垫面，自然呼吸。换右腿，用同样方法再做。左右交替重复练习。

易犯错误：同"仰卧直腿举腿转腰"动作。

建议：腿要伸直，用力均匀。两手臂不要离开垫面。

4. 仰卧举腿蹬踏

功效：发展腰、腹、背部肌肉群力量，健美腰背部肌群，增强腿部肌力，美化腰腹部和腿部曲线。

器械：垫子。

动作要领：两手叉腰，屈膝肩肘倒立在垫子上。两腿弯曲前后交替摆动蹬踏（好像踏自行车动作），重复练习。

易犯错误：动作不平稳、不协调；举腿不直；意念不集中。

建议：自然呼吸。脚尖要伸直。左右交替为一次。

5. 站姿单腿摆越椅背

功效：发展腰、腹、腿部肌肉群力量，健美腰腹部肌群，并能提高髋、腿的柔韧性，美化腰腹部和腿部曲线。

器械：椅子。

动作要领：面对椅背站立，两手扶椅背，两腿伸直依次从左向右摆越过椅背，随着腿的摆动两手依次离扶椅背，上体保持直立，挺胸收腹。左右腿交替进行，重复练习。

易犯错误：动作不协调；腿举不直；上体摆动借力；意念不集中。

建议：自然呼吸。两腿要绷直。用力要均匀。

6. 站姿屈膝蹬踏转腰

功效：发展腰腹部肌肉力量，健美腰部肌群，还可强化内脏功能，对治疗便秘、消化不良、神经系统失调等有特效。

器械：椅子。

动作要领：面向椅面，右腿屈膝抬起，脚置于椅面上，左臂屈肘于胸前，右臂后上举。上体向右拧转下压，使左手触及右膝盖，右臂尽量后伸。左右侧交替做，重复练习。

易犯错误：动作不协调；身体左右拧转不充分；意念不集中。

建议：扭转腰时，要尽量加大摆度和力度。

7. 站姿扭转腰

功效：发展腰腹部肌肉群力量，健美腰肌、腹内外斜肌和腿部肌群。

器械：腰部旋转器。

动作要领：双脚站在旋转盘上，两手扶住固定把柄，挺胸、收腹、紧腰，身体直立，两脚、两膝并拢，上体肩部固定不动，然后身体腰髋部向左右做最大限度扭转动作。重复练习。

易犯错误：肩部随髋部和下肢转动；屈膝含胸驼背；意念不集中。

建议：呼吸要自然，不要屏气；身体充分拧紧；躯干和下肢要协调一致。

8. 站姿单手持铃体侧屈伸

功效：发展腰腹部肌肉群力量，健美腹外斜肌、腹内斜肌和髂腰肌群，减缩腰腹部多余脂肪和赘肉，美化腰腹部曲线。

器械：哑铃、壶铃、杠铃片。

动作要领：两脚开立与肩同宽，挺胸收腹紧腰，一手持哑铃于体侧，另一手屈肘握抱头部。吸气，上体向一侧慢慢弯曲至最低点，稍停2秒~3秒。呼气，上体慢慢成直立姿势。再吸气，上体再向另一侧屈体至最低点，呼气，再还原。上体交替向两侧做屈体动作。重复练习。

易犯错误：左右顶髋、屈体和屈臂借力；身体前倾侧转；意念不集中。

建议：两腿要伸直，膝关节要锁紧，髋关节要固定，身体不要前倾侧转，手臂不要用力（松握哑铃）或弯曲，意念要集中在腰腹肌群。

9. 站姿双手持铃转体

功效：发展腰部、腹部、髋部肌肉群力量，健美腹外斜肌、腹内斜肌、髂腰肌群和骶棘肌。

器械：杠铃、哑铃。

动作要领：两脚开立，两臂屈肘上抬，两手抓握杠铃拳心向前，将杠铃置于颈后肩上，全身直立。吸气，使上体向左扭转90°。杠端和脸部侧面都向正前方，稍停2秒~3秒。呼气，上体右转90°还原。重复练习。

易犯错误：髋部和下肢随上体转动；上体扭转速度失控；意念不集中。

建议：动作平稳而缓慢，用力要均匀，意念要集中。上体扭转时，两脚要站稳，不能跟着转动，转动速度平稳适度。

10. 站姿双手持铃躬身展体

功效：发展腰部肌肉群力量，健美骶棘肌等腰部肌群，祛除赘肉，美化腰部曲线。

器械：杠铃、哑铃。

动作要领：两脚开立，比肩距稍宽，两手持铃置于颈后肩上，挺胸、收腹、紧腰，两手必须握牢杠铃，全身直立。呼气，上体向前慢慢弯下，至腰背部与地面平行，这时臀部应向后移，使身体重心处于脚跟后上方，稍停3秒～4秒，再以腰背肌群的收缩力量，挺身起立还原。自然呼吸。重复练习。

易犯错误：松腰、含胸、弓背；突然快速屈体；意念不集中。

建议：动作过程中，意念要集中在腰部肌群，腰背部必须始终挺直，不得松腰、含胸、弓背。上体前屈时尽量慢，切忌突然屈体，防止腰背部肌群拉伤。

11. 俯卧挺身展体

功效：发展腰背部肌群力量，健美髂肌、骶棘肌和下背部肌群，祛除赘肉，美化腰部曲线。

器械：腰背练习器、高长凳。

动作要领：以小腹和大腿部分俯卧在长板凳上，两腿伸直，把两脚跟倒钩在凳子的固定杠上。两手互托置于颈后，上体下垂稍离地面。吸气，用力使上体向上挺身抬起，全身成反弓形，并尽力伸展躯干，抬头、挺胸、紧腰，稍停3秒～4秒。呼气，慢慢屈体下落还原。重复练习。

易犯错误：突然下落还原；松腰、含胸、弓背；意念不集中。

建议：练习过程中，腰背部必须始终挺直，不准松腰、含胸、弓背。屈体时，含胸抬头；挺身时，抬头、紧腰、展体。身体上抬时，稍快；下落屈体时，要缓慢。意念要集中在腰部肌群。

12. 站姿双手持铃直腿硬拉

功效：发展腰背部肌群力量，健美骶棘肌和下背部肌群，美化腰部曲线。对扩大胸腔也有益处。

器械：杠铃、哑铃、壶铃。

动作要领：两脚开立，同肩宽，两手握住杠铃，直臂持铃下垂于腿前，挺胸、收腹、紧腰，上体慢慢起立成直立。呼气，以腰背部肌群力量控制住，使上体慢慢向前弯曲，两腿保持伸直，至杠铃接近地面为止。吸气，持铃挺身起立，同时使两肩向后展开，胸部尽量向前挺出。重复练习。

易犯错误：屈臂用力上拉；松腰、含胸、驼背；意念不集中。

建议：动作过程中，要始终保持挺胸、直腰的姿势，意念要集中在腰部肌群，不得松腰、含胸、驼背。向前屈体时，要尽量平稳缓慢。

（八）臀部肌群训练动作

1. 仰卧直腿上举翻臀

功效：发展臀部肌肉力量，健美臀部肌群，减缩多余脂肪和祛除赘肉，可促使全身血液流畅；由于刺激下颚和舌下腺，从而加强荷尔蒙分泌，对保持或恢复青春健美卓有成效。

器械：垫子。

动作要领：仰卧在垫子上，两腿伸直，两臂置于体侧。仰卧举腿至垂直，然后举臀，腿部下压，使两腿伸向头后方触地，同时两臂压垫，自然呼吸，稍停2秒～3秒，再还原成预备姿势。重复练习。

易犯错误：腿伸不直，举腿高度不够，意念不集中。

建议：动作过程中，上体不要移动位置，两腿尽量伸直，要求缓慢、匀速还原。

2. 俯卧直腿后上举腿

功效：发展臀部肌肉力量，健美臀部肌群，可使臀肌紧缩上收，增加弹性，减缩多余脂肪和祛除赘肉，美化臀部曲线。

器械：垫子、长板凳。

动作要领：俯卧在垫子上或板凳上，双腿伸直并拢，两臂屈肘置于肩前或用手抓握板固定身体。吸气，用力于腰背肌群和臀部，以臀部肌群的收缩力量把两直腿向上抬高举起（应尽量高于垫面或板凳面），至臀部肌肉群完全收紧为止，同时抬头挺胸，稍停2秒～3秒。呼气，缓慢下落还原。重复练习。

易犯错误：双腿伸不直，双腿突然上举下落无控制，意念不集中。

建议：两腿伸直，尽量高抬，意念要集中在臀部肌群。还原动作要平稳缓慢，不要利用腿部下落的摆动惯性举起双腿。

3. 侧卧屈膝直腿上举

功效：发展臀腿部肌肉力量，健美髋部两侧、后臀部和大腿内外侧的肌肉群，减缩多余脂肪和祛除赘肉，美化臀部曲线。

器械：垫子。

动作要领：左侧卧，屈臂以左手肘支撑，右手置于体前。两腿伸直与上体成一直线，右腿在左腿上。右腿屈膝上抬靠近胸部，再伸直还原。接着右腿再上举慢慢放下还原成预备姿势，重复练习。

易犯错误：动作不协调，举腿幅度小，上体摆动借力，意念不集中。

建议：左右侧交替做，用力要均匀；上体要稳定；举腿幅度要大。

4. 俯跪撑单腿屈膝后上举

功效：发展腰臀部肌肉力量，健美腰臀部肌群，可使臀部紧绷上翘，减缩多余脂肪，祛除赘肉，美化腰部、臀部、腿部曲线。

器械：垫子。

动作要领：跪立，然后俯身向前，两手直臂撑地，低头含胸，弯背弓身，同时将左腿屈膝收至胸前。吸气用力将左腿向后上伸举，脚尖绷直，同时抬头挺胸，腰部下弓，稍停2秒～3秒。呼气，慢慢还原。右腿以同样的动作进行，两侧交替重复练习。

易犯错误：动作不协调，膝部着垫借力，举腿幅度小，勾脚尖，意念不集中。

建议：动作要协调，举腿要高，幅度要大，用力均匀。收腿和举腿过程要缓慢进行。

5. 仰卧屈膝抬臀

功效：发展腰臀部肌肉力量，健美臀腰部肌群，减缩多余脂肪，祛除赘肉，可使臀部浑圆丰腴，紧绷上翘，美化腰臀部曲线。

器械：垫子。

动作要领：仰卧屈膝在垫子上，小腿垂直于地面。两脚略比臀宽，两臂伸直，掌心伸直，掌心向下置于体侧。吸气，两小腿平开，上体中心移到肩部，以肩支撑将臀部放下还原。重复练习。

易犯错误：动作不协调，突然抬臀或回落利用惯性借力，意念不集中。

建议：动作过程中，意念要集中在臀部，用力要均匀，动作要协调。完成动作时，有每根脊柱骨变直之感。

6. 侧卧直腿上举

功效：发展臀部肌肉力量，健美臀中肌、臀小肌和侧张肌，减缩多余脂肪，祛除赘肉，美化臀部曲线。

器械：垫子。

动作要领：身体右侧卧，屈臂以右肘支撑身体，双掌平放垫子上，两腿伸直，左腿在右腿上，与上体成一直线。左腿上举，脚尖绷直，举到最高点稍停2秒～3秒后再放下，但不要碰到右腿。左右腿交替做上举。重复练习。

易犯错误：动作不协调，屈腿勾脚尖，举腿不高幅度小，意念不集中。

建议：举腿时吸气，放腿时呼气，动作要协调，腿要伸直，举腿要高，幅度要大，用力均匀，意念集中。

7. 俯跪撑直腿后上举

功效：发展臀腿部肌肉力量，健美臀部肌群，可使臀部紧绷上翘，减缩多余脂肪，祛除赘肉，美化腰臀腿部曲线，并能提高腰背部的灵活性和柔韧性。

器械：垫子。

动作要领：右腿跪在垫子上，上体前俯，两手直臂撑垫同肩宽，左腿伸直后举。吸气，左腿向后上高举，脚尖绷直，尽量上抬，将头抬起，腰向下弓，稍停2秒～3秒。呼气，左腿放下，但脚不着垫子。重复练习。

易犯错误：动作不协调，屈腿勾脚尖，举腿不高，幅度小，身体摆动借力，意念不集中。

建议：动作要协调，用力均匀，意念集中，幅度要大，举腿要高。收腿和举腿过程要缓慢进行，左右腿交替做。

8. 俯卧直腿交替后上举

功效：发展臀部肌肉力量，健美臀部肌群，可使臀部肌群紧缩上收，增加弹性，减缩多余脂肪，祛除赘肉，美化臀部曲线。

器械：垫子。

动作要领：俯卧在垫子上，双臂屈肘前臂支撑于垫面，前臂与肩平行，掌心向下。上体不动，左腿伸直尽量向上举起，绷直右腿上举，还原。重复练习。

易犯错误：屈腿勾脚尖，举腿不高，幅度小，意念不集中。

建议：两腿伸直，呼吸自然，腿距地越高效果越好。

9. 站姿负重外展大腿

功效：发展臀腿部肌肉力量，健美髋部外侧、臀大肌和股外侧肌群，减缩多余脂肪，祛除赘肉，可使臀部浑圆丰腴，紧绷上翘，美化臀部、腰部、腿部曲线。

器械：臀腿部练习器、弹力带。

动作要领：侧向臀腿部练习器单腿站立，左手扶住固定把手，右手叉腰，右脚踝套上阻力器牵引绳，抬头、挺胸、收腹、紧腰，全身直立。吸气，直腿向体侧上方抬起，尽量抬高，如能举至全腿接近水平线最佳，稍停2秒～3秒。呼气，直腿慢慢放下还原。左右腿交替进行。重复练习。

易犯错误：站姿不稳，上体前倾侧屈助力，屈腿勾脚尖，举腿不高，幅度小，突然猛拉猛放，意念不集中。

建议:练习腿要始终伸直,上体不准前倾侧屈助力。向外伸展大腿时,用力要均匀,意念要集中在臀部肌群。支撑腿要伸直站稳。

10. 站姿负重内收大腿

功效:发展臀腿部肌肉力量,健美臀大肌和股内侧肌群,减缩多余脂肪,祛除赘肉,可使腰部浑圆丰腴,紧绷上翘,美化臀部、腰部、腿部曲线。

器械:臀腿部练习器、弹力带。

动作要领:侧向臀腿练习器单腿站立,左手扶住固定把手,右手叉腰侧或自然下垂,左脚踝套上阻力器牵引绳,抬头、挺胸、收腹、紧腰,全身直立。吸气,直腿贴身向体内侧上方举起,交叉于体前,尽量向另一侧举起夹紧,稍停2秒~3秒。呼气,直腿慢慢放下还原。左右腿交替进行。重复练习。

易犯错误:站姿不稳,上体后仰侧转助力,屈腿勾脚尖,举腿不高,幅度小,突然猛拉猛放,意念不集中。

建议:支撑腿要伸直站稳,动作完成要连贯、控制好,上体不要后仰、侧转借力,向内收紧大腿时用力要均匀有力,意念要集中在臀部肌群。

11. 站姿负重后拉伸大腿

功效:发展臀部肌肉力量,健美臀大肌和腰背下肌群,减缩多余脂肪,祛除赘肉,可使臀部浑圆丰腴,紧绷上翘,美化臀部、腰部曲线。

器械:臀腿部练习器、弹力带。

动作要领:面对臀腿部练习器单腿站立,两手扶住固定把手,右脚踝套上阻力器牵引绳,抬头、挺胸、收腹、紧腰,全身直立。吸气,直腿向后上方拉伸举起,直到不能再高举时为止(尽量向高举,使臀大肌完全收紧),稍停2秒~3秒。呼气,直腿慢慢放下还原。左右腿交替练习。

易犯错误:上体前倾后仰摆动借力,屈腿勾脚尖,举腿不高,幅度小,突然猛拉猛放,意念不集中。

建议:上体要保持挺直,不要前倾后仰摆动借力,练习腿尽量向后上高举,使臀大肌完全收紧。向后伸腿时,用力要均匀。意念要集中在臀部肌群。

(九)腿部肌群训练动作

1. 俯撑双腿交替屈伸蹬地

功效:发展腿部肌肉力量,健美腿部肌群,减缩多余脂肪,祛除赘肉,使腿部强健有力。

器械:垫子。

动作要领:俯撑,身体伸直,两腿用力蹬地,左腿屈膝上抬,前脚掌着地,右腿伸直后蹬,接着两腿交换。左腿伸直后蹬,右腿屈膝前抬。自然呼吸。重复练习。

易犯错误:两腿交替屈膝蹬伸不充分,动作幅度小,身体上下摆动借力。意念不集中。

建议:动作完成要充分、协调,意念要集中在腿部。

2. 站姿足腱深蹲起

功效:发展腿部肌肉力量,健美大腿、小腿部肌肉群,减缩多余脂肪,祛除赘肉,使腿部匀称修长,富有曲线,并能保持脊柱挺直,端正立姿。

器械:椅子。

动作要领:面对椅背直立,两手扶在靠背上。两脚成八字分开,前脚掌着地,脚跟提起,上体挺直,屈膝下蹲,使大腿与地面平行,稍停2秒~3秒,然后慢慢起立。起立时吸气,下蹲时呼气。重复练习。

易犯错误:身体前俯后仰借力,提踵高度不够,意念不集中。

建议:注意上体保持直立,用力要均匀、缓慢,意念要集中于下肢。

3. 站姿双手体前持铃深蹲起

功效:发展腿部肌肉力量,健美大腿股四头肌和臀大肌群,减缩多余脂肪,祛除赘肉,可使腿部结实有力、线条柔和、匀称修长,美化臀腿部曲线。

器械:壶铃、哑铃。

动作要领:两腿开立,与肩同宽,身体直立,双手对握住壶铃,直臂持铃置于体前,抬头、挺胸、收腹、紧腰,背部尽量伸直,目视前方,站在两块木头上或凳子上。深呼气,两腿屈膝下蹲至两膝完全弯曲,稍停2秒~3秒。吸气,两腿用力伸直。缓慢还原。重复练习。

易犯错误:松腰弓背,屈臂上拉,突然下蹲屈膝反弹借力,意念不集中。

建议:始终保持挺胸、收腹、紧腰的姿势,意念要集中于腿部肌肉群,不准松腰弓背;下蹲时要慢,使股四头肌在紧张的状态中逐渐伸长;下蹲到最后位置时,两腿呈全屈膝状态,不准利用屈膝反弹力量做伸腿起立动作;伸腿起立至两腿伸直时,必须使股四头肌完全收紧,并要紧腰夹臀,同时腰臀部要有向上前顶的意识。两手只需握住器械,不得有屈臂向上拉的动作。

4. 站姿双肩负重箭步蹲起

功效:发展腿部肌肉力量,健美大腿股四头肌群和臀大肌群,减缩多余脂肪,祛除赘肉,可使腿部结实有力、线条柔和、匀称修长,美化臀部、腿部曲线,提高腿部的柔韧性。

器械:杠铃。

动作要领:右脚向前跨出一大步,右脚尖向里偏斜,全脚掌着地;左脚原地不动,脚跟向外偏斜支撑,两腿完全伸直站立。两手持杠铃置于颈后双肩上,上体保持挺胸、收腹、紧腰的姿势。呼气,上体垂直慢慢下降,右腿屈膝下蹲,至大腿与地面平行,左腿向后挺直,脚跟提起,前脚掌着地,两腿呈右前弓步,稍停2秒~3秒。吸气,以股四头肌群和臀大肌群的收缩力量,伸腿起立还原。左右腿交替进行,重复练习。

易犯错误:身体前倾或后仰,松腰弓背,弓箭步重心不稳,突然下蹲屈膝反弹借力,意念不集中。

提示:动作过程中,要始终保持抬头、挺胸、紧腰的姿势,意念要集中在大腿股四头肌和臀大肌群;做弓箭步时,应尽量向下,使股四头肌群尽量伸展。也可做弓箭步行走练习。

5. 站姿胯下双手持铃屈膝蹲起

功效:发展腿部肌肉力量,健美大腿股四头肌和臀大肌群,减缩多余脂肪,祛除赘肉,可使腿部结实有力、线条柔和、匀称修长,美化臀部、腿部曲线,提高腿部的柔韧性。

器械:杠铃。

动作要领:两脚开立,左脚(或右脚)向侧面横移一个脚掌的距离,两脚尖向两侧稍外分。身体直立,右手在前,左手在后,双手对握住杠铃,直臂持铃置于胯下,抬头、挺胸、收腹、紧腰,目视前方。深呼气,两腿屈膝下蹲至两膝完全弯曲,成骑铃姿势,稍停3秒~5秒。吸气,两腿用力伸直。起立还原。重复练习。

易犯错误：身体前倾或后仰，松腰弓背，屈臂上拉，突然下蹲屈膝反弹借力，意念不集中。

建议：保持挺胸、收腹、紧腰的姿势，意念要集中在腿部肌群。上体勿前倾，臀部不要后凸，不得弓腰、驼背，背要直立，两手握杠力量要均匀，上拉与放下时，两臂始终要伸直。

6. 站姿双肩负重深蹲起

功效：发展腿部肌肉力量，健美大腿股四头肌和臀大肌群，减缩多余脂肪，祛除赘肉，可使腿部结实有力、线条柔和、匀称修长，美化臀部、腿部曲线。

器械：杠铃。

动作要领：两脚开立，与肩同宽，身体直立，两手掌心朝前抓握杠铃置于颈部后双肩上，抬头、挺胸、收腹、紧腰，背部尽量伸直，目视前方。深呼气，两腿屈膝下蹲至两膝完全弯曲，稍停2秒～3秒。吸气，两腿用力伸膝，直立还原。重复练习。

易犯错误：身体前倾或后仰，松腰弓背，突然下蹲屈膝反弹借力，意念不集中。

建议：在下蹲和起立过程中，上体必须始终保持挺胸、收腹、直腰的姿势，意念要集中在腿部肌群，不准松腰弓背；下蹲时要慢，使股四头肌在紧张的状态中逐渐伸长；下蹲到最后位置时，两腿呈全屈膝状态，不准利用屈膝反弹的力量做伸腿起立动作；伸腿起立至两腿伸直时，必须使股四头肌完全收紧，并要紧腰夹臀，同时腰臀部要有向前顶的意识。上体不要前倾，臀部不要后凸，为防止出现弓腰、撅臀的错误，可在脚跟下垫上一块5厘米～10厘米厚的木块，以维持身体平衡，保证训练效果。

7. 坐姿脚踝负重伸膝

功效：发展腿部肌肉力量，健美大腿股四头肌群，减缩多余脂肪，祛除赘肉，可使腿部结实有力、线条柔和，美化腿部曲线。

器械：举重鞋、伸膝练习器。

动作要领：坐在伸膝练习器的椅子上，抬头、挺胸、收腹、紧腰，上体直立。双手分别扶在座位两侧，小腿与地面垂直，两脚踝前部分别放在踝关节阻力器护垫下方。吸气，用大腿收缩力量带动小腿上抬，使膝关节由屈到伸向上举腿至大腿呈平行位置，同时用力勾紧脚尖，使股四头肌彻底收紧，稍停3秒～4秒。呼气，再慢慢屈膝下落还原。重复练习。

易犯错误：脚尖绷直，突然伸膝抬起或落下反弹借力，动作完成不充分，意念不集中。

建议：始终保持动作要连贯，意念要集中，不要中途停止或用力过猛，不要突然抬起或落下；大腿始终不要抬离椅面。

8. 俯卧脚踝负重屈膝

功效：发展腿部肌肉力量，健美大腿股二头肌和臀大肌群，减缩多余脂肪，祛除赘肉，可使腿部结实有力、线条柔和，臀部上翘，美化臀部、腿部曲线。

器械：举重鞋、伸膝练习器。

动作要领：俯卧在屈膝练习器的固定垫上，抬头、挺胸、收腹、紧腰，前臂弯曲，两手扶在垫子两侧，两腿伸直，后脚踝抵住踝关节阻力器护垫下方。吸气，屈膝使大小腿形成小于90°的夹角，稍停3秒～4秒。呼气，缓慢伸膝下落，还原。重复练习。

易犯错误：脚尖绷直，撅臀，突然屈膝抬起或落下反弹借力，动作完成不充分，意念不集中。

建议：注意屈小腿时，动作用力不要过猛，不要撅臀；还原时，要用力控制，不要突然回落;动作完成要充分,意念要集中在大腿后侧的股二头肌群上。

9. 坐姿双腿负重蹬伸

功效:发展腿部肌肉力量,健美大腿股四头肌群、骨盆底肌肉群和臀大肌群,减缩多余脂肪,祛除赘肉,可使腿部肌肉结实有力、线条柔和、匀称修长,美化臀部、腿部曲线。

器械:蹬腿练习器

动作要领:坐在蹬腿练习器的固定座位上,屈膝,两脚分别踏在蹬腿阻力器踏板上,两手握住座位两侧的扶手。吸气,用力蹬直双腿,稍停3秒~4秒。呼气,缓慢屈膝,还原。重复练习。

易犯错误:蹬腿不充分,突然蹬伸回落借力,意念不集中。

建议:整个练习过程中,膝关节伸展和弯曲应不受限制,腿部应充分用力蹬出,动作要连贯、协调、控制好,意念要集中在大腿肌肉群上。

10. 坐姿双腿负重提踵

功效:发展小腿部肌肉力量,健美小腿肌群,减缩多余脂肪,祛除赘肉,可使小腿部肌肉结实有力、线条柔和、匀称修长,美化小腿曲线。

器械:杠铃、凳子、垫木、举踵器。

动作要领:端坐在凳子上,两前脚掌站在垫木上,两手持铃放在两膝盖上,不使其滑动。吸气,以小腿三头肌的收缩力量,使脚跟跷起到最高位置,让小腿肌群完全收紧,稍停3秒~4秒。呼气,慢慢放下脚跟还原。重复练习。

易犯错误:提踵动作不充分,快提快落借力,意念不集中。

建议:两脚掌站在垫木上(垫木厚度为5厘米~10厘米),两脚跟要露在垫木外,意念要集中在小腿三头肌群上。

11. 站姿双肩负重提踵

功效:同"坐姿双腿负重提踵"动作。

器械:杠铃、垫木、举踵器。

动作要领:身体直立,两脚开立与肩同宽,抬头、挺胸、收腹、紧腰,两腿伸直,两手持铃置于颈后肩上。吸气,尽可能高地直膝向上提起脚跟,让小腿肌群完全收紧,稍停3秒~4秒。呼气,缓慢放下脚跟还原。重复练习。

易犯错误:同"坐姿双腿负重提踵"动作。

建议:完成动作时,不要屈膝、屈体;也可在前脚掌下垫一块5厘米~10厘米厚的木块,脚跟要露在垫木外,并且脚跟要着地,意念要集中在小腿三头肌群上。再按上述动作要领练习,既可加大练习难度,又可提高训练效果。

(十)心脏肌群训练动作

1. 立握撑

功效:发展心脏肌群和臀腿肌群力量,提高心肺功能,使心肌健壮、心脏肥大,增加协调性和血液循环,改善全身耐力水平,提高人体活动能力,能使全身得到训练,达到暖身和整体健美的目的。

器械:垫子或徒手。

动作要领:直立,两臂自然下垂。屈膝下蹲,两手撑地成蹲撑,两腿向后伸直成俯撑,腹肌用力,双腿屈膝收回成蹲撑,最后直立,还原,自然呼吸。重复练习。

易犯错误:动作不协调,身体站不直、蹲不下,憋气,意念不集中。
建议:两腿屈膝要充分,自然呼吸。

2. 健身跑

功效:发展心脏和腿部肌群力量,提高心肺功能,使心肌健壮、心脏肥大,增强心血管系统的耐久力和身体的协调性,提高人体活动能力,从而使全身得到训练,达到消除疲劳和健美体形的目的。

器械:跑步机。

动作要领:站在跑步机平台上。头部抬起,两眼向前平视,上体微微前倾,肩部和臀部处于同一个水平上,两臂前后摆动轻松自如,步幅适中。脚着地时,应直接落在身子的下面,用前脚掌或全脚掌着地,自然呼吸。

易犯错误:动作不协调,身体晃动,落脚不缓冲,憋气。
建议:上体不要左摇右晃,脚落地时要轻盈,自然呼吸,双腿蹬摆要充分。

3. 骑固定健身自行车

功效:发展心脏和腿部肌群力量,提高心肺功能,使心肌健壮、心脏肥大,改善全身耐力水平,提高人体活动能力,可使全身经络气血通畅,从而达到消除周身疲劳和美化腿部曲线、健美体形的目的。

器械:固定健身自行车。

动作要领:坐在固定座椅上,身体稍前倾,挺胸、收腹、紧腰,两眼向前平视,双手紧握车把,双脚下踩自行车脚踏板,两腿做一伸一屈蹬踏动作,自然呼吸,重复练习。

易犯错误:上体摆动借力,憋气,两腿蹬踏不充分,意念不集中。
建议:两腿蹬踏用力要均匀、协调、充分,自然呼吸,意念集中于腿部。

4. 原地跳绳

功效:发展心脏和腿部肌群力量,提高心肺功能,使心肌健壮、心脏肥大,有助于加强心肺功能,改善全身耐力水平,提高人体活动能力,增强弹跳力和灵活性,美化腰部、腿部曲线,对全身热身活动有特殊作用。

器械:跳绳一根。

动作要领:身体直立,两手握绳的两端把手,屈肘于侧腰,置绳于体后,上体挺直,屈肘靠近腰侧。用手腕旋动跳绳,有节奏地向前挥摆,靠脚、膝、踝的弹力进行并腿跳。重复练习。

易犯错误:动作不协调,憋气,意念不集中。
建议:自然呼吸。动作要连贯、协调。

三、器械训练后的放松

器械形体训练后的放松和肌肉伸展是塑造健美体形和力量练习的重要组成部分,不但能减轻肌肉群的紧张与疲劳,而且能预防肌肉损伤,促进血液循环,美体修身,甚至可预防和治疗一些背部疼痛。

1. 轻度腿后肌群伸展练习

将一条腿伸直放在长凳上,身体慢慢下压,拉伸腿后的肌肉。深呼吸,肌肉放松拉长,最大幅度下压,使其伸展,以不感到疼痛为准。换腿,重复以上练习。

2. 大腿前侧肌群伸展练习

手扶墙或器械,从体后抬起腿,并用手紧紧抓住脚,抬高至臀部,慢慢前下压,拉伸腿部肌肉不要过分用力。换腿,重复以上练习。

提示:为了提高肌肉的弹性,尽量地使大腿向后伸,并保持一段时间。这种练习在腿部剧烈运动一天后效果最好。

3. 大幅度腿部肌肉伸展练习

这一练习是为柔韧性很好的运动者准备的,把一条腿轻放在器械上,使腿与地面保持平行,轻柔舒缓地用手触摸脚尖。如果是一个柔韧性很好的练习者,可以把上体向前下压,胸部贴近膝盖,并慢慢拉伸肌肉,但不要用力。换腿,重复以上练习。

4. 肩部伸展练习

一只手握住一个与肩等高的器械,轻轻向后用力伸展胳膊。然后慢慢向前转体,拉伸肩胛肌和背阔肌。

提示:在开始做胸部和肩部的剧烈运动之前做上述练习。

5. 胸部伸展练习

双手紧握体后练习器的把柄,慢慢向前挺胸,伸展胸部和背部的肌肉,不要过分用力伸展背阔肌。

提示:在肩部运动后,做这一练习效果最好。

6. 背部伸展练习

在拉力器上,用至少超过练习者体重1/3的重量进行悬垂,使胳膊和背部肌肉得到拉伸。如果练习者有轻微的背部疼痛,需要放松和消除脊柱的紧张,做这项练习效果最好。

提示:运用这种悬垂方式在拉伸背部肌肉的同时,也能提高手臂力量。

7. 小腿伸展练习

小腿肌肉是经常被忽视的肌肉,许多女性运动时不注意锻炼小腿。在健身房里,双手撑住器械,慢慢地使脚跟上下运动,这对小腿肌肉伸展具有良好的作用。

提示:练习后,在同样的位置再做一次提膝抬腿的练习。

8. 全身伸展练习

在与肩等高的拉力器上,加一定的重量,两脚并拢固定,双手抓住把柄,向后拉伸,使练习者手臂、背部、大腿及全身肌肉得到伸展。

提示:练习时,意念应集中在拉伸的各部分肌肉,以便达到最佳伸展效果。

注意事项:

(1) 每次伸展要舒缓、平衡。

(2) 伸展时,要保持正常呼吸。用力伸展时吸气,放松时呼气。

(3) 不要让关节有疼痛的感觉。伸展时,关节不超过正常活动范围。

(4) 不要伸展刚刚骨折和新近拉伤的肌肉。

(5) 每次伸展掌握在 15 秒左右。

学 习 指 导

(1) 学习要点:器械训练对于形体塑造的锻炼价值;持器械进行形体锻炼的注意

事项。

（2）延伸学习：掌握各种练习的动作要领；注意事项；学会自己创编各种动作进行形体塑造。

思考与练习

（1）器械形体训练的要求有哪些？

（2）设计一套适合自身器械练习的计划，并总结锻炼效果。

第十一章　身体发展不平衡及形态畸形的矫正方法

学习提示

　　日常生活中的种种原因，造成了人体体型有这样或那样的缺陷和畸形，它们影响了我们的正常生活，给我们带来了诸多的不便。尤其对于服务行业的从业人员，身体的缺陷和畸形，会使其在招聘或面试中受到阻碍。为了改善这种身体发展的不平衡和畸形，首先，必须了解什么是体型畸形。体型畸形是指人体由于遗传或后天的营养不良及身体长时间的不正确姿势，所导致的骨骼变形和肌肉发育不平衡的现象。畸形给体型健美和身体发育与健康带来不良的影响，特别是有些较轻度的畸形，由于不影响正常的生活和学习，往往不被人们所重视，久而久之，导致了畸形的加重，严重者，甚至会影响正常的学习和生活。如果到了中青年时期，随着骨结构的完全形成，完全靠矫正操和体育锻炼，效果不是很明显，必须通过治疗才能奏效。但对青少年，特别是少年儿童，由于他们的骨结构还没有完全发育，畸形是可以矫正的。

　　下面根据现实生活中常见的身体发展不平衡和畸形种类，有针对性地编排了矫正练习，练习者可以根据自己的具体情况有选择地进行锻炼。

　　通过本章学习，了解各种身体体态畸形或者身体发展不平衡的产生原因；掌握矫正的基本方法。

第一节 "一肩高,一肩低"的矫正方法

一、"一肩高,一肩低"的概念

"一肩高,一肩低"又称"高低肩",是一种较为常见的身体发展不平衡现象,是脊柱侧弯引起的两侧肩膀高度不统一的形态。"高低肩"不仅会对形体美造成很大的影响,而且还会影响颈椎、脊椎的正常发育,并进一步引起脊椎相关性疾病,包括由内脏神经受脊椎的不良影响造成的器官功能不良,如食欲不振、心脏功能偏弱等。

二、造成"一肩高,一肩低"的原因

"一肩高,一肩低"形成的先天因素主要为遗传导致的脊柱侧弯和人体代谢异常;后天因素主要为经常处于不良姿势和长期两肩不均衡承重的日常生活习惯,如伏案工作、背单肩包等。肩关节周围的软组织长时间处于紧张状态,久而久之,肩部下肌群紧缩,上臂肌群拉长而成斜肩,从而导致两肩高低不一的畸形。

三、矫正方法

(一)利用自身条件进行矫正

练习一 芭蕾舞体态

方法:如图11-1-1、图11-1-2所示直立,芭蕾舞一位脚,一位手准备。将肩部下沉,从而突出胸部和颈部的美好线条;腿部收紧,腰部直立,以使姿态挺拔、仪态端庄;再将双手打开七位手,控制10秒左右,收回准备动作。注意,七位手时,手及手臂呈圆弧状,两臂高度统一,两肩松弛下沉。

图11-1-1

图11-1-2

练习二 绕肩

方法:如图11-1-3所示,双手叉腰,直立或跪坐准备。双肩缓慢向斜前上方耸,吸气;然后向斜后下方放松沉肩,呼气,返回准备动作。之后,反向后斜上方耸肩,吸气;然后向斜前下方放松沉肩,呼气,返回准备动作。两个方向各绕肩10~15次为佳,注意需要肩放松。

图 11-1-3

（二）利用物体进行矫正

练习一 翻转垂悬

方法：如图 11-1-4，图 11-1-5 所示，利用单杠等物体进行练习。双臂正握单杠，自然垂悬准备。屈膝、收腹、团身，将臀部后翻，呈反拉手吊肩垂悬，控制 3 秒～5 秒；再向前提臀翻转还原到自然垂悬。动作重复次数，以 15～20 次为佳。

图 11-1-4

图 11-1-5

练习二 侧平上举

方法：如图 11-1-6 所示，利用类似哑铃等重物进行练习。两脚开立与肩同宽，上体直立，两手持哑铃下垂于体侧准备。吸气，同时两臂做侧平上举，控制 3 秒～5 秒；呼气，放下还原。动作重复 15～20 次为佳。

图 11-1-6

练习三 垂悬引体向上

方法：如图 11-1-7 所示，利用类似单杠等物体进行练习。双臂反握单杠，自然悬垂 10 秒～15 秒准备；然后引体向上 5～10 次。动作重复 12～15 次为佳。

135

形体训练　实践篇

图 11—1—7

第二节　"溜肩"的矫正方法

一、"溜肩"的概念

"溜肩"又称"垂肩",是青少年中较常见的一种身体发展不平衡现象,主要表现为肩部与颈部的角度较大。"溜肩"主要对形体美产生很大影响,只要加强锻炼,采用适当的方法就可以矫正。

二、造成"溜肩"的原因

"溜肩"形成的主要原因是肩部的锁骨和肩胛骨周围附着的各肌肉群(如三角肌、胸大肌、背阔肌、斜方肌等)不发达、无力,使锁骨和肩峰部位下垂,从而形成溜肩畸形。

三、矫正方法

(一) 利用自身条件进行矫正

练习一　耸肩

方法:如图 11—2—1 所示,双手叉腰,直立或跪坐准备。吸气,双肩快速向上耸,控制 5 秒左右;然后向下放松沉肩,呼气,返回准备动作。每天练习 5 分钟～10 分钟为佳。注意需要放松胸部做练习。

图 11—2—1

练习二　蝉式支撑

方法:如图 11—2—2 所示,屈膝半蹲,双手撑地,与肩同宽准备。将重心慢慢移至双手,双脚立半脚尖,收腹、团身;然后右脚、左脚脚尖慢慢离地,双脚悬空。双手支撑全身重心,控制3秒～5秒,返回准备姿势。动作重复10～15次为佳。

图11-2-2

练习三 俯卧撑

方法:俯卧,两手掌撑在地面上,两手间距约同肩宽,两脚踏在地面上,身体保持平直准备。向下屈臂和向上撑起时,肘关节内收,不要外展。动作重复15～20次为佳,可根据自己的能力逐日递增。

(二)利用物体进行矫正

练习一 颈前推举

方法:如图11-2-3所示,利用类似哑铃等重物进行练习。盘腿坐姿,挺胸收腹,两手分别握哑铃放于锁骨前方准备。将双手垂直向上推起至两臂完全伸直,控制2秒～3秒,吸气;慢慢屈臂收回双手,返回准备动作,呼气。动作重复15～20次为佳。

图11-2-3

练习二 胸前上提

方法:如图11-2-4所示,利用类似杠铃等重物进行练习。两脚开立与肩同宽,双手握住杠铃准备。两手屈臂,将杠铃沿身体向上提至与肩平行,控制3秒～5秒,返回准备动作。动作重复12～15次为佳。

图11-2-4

练习三 支撑摆动

方法:如图11-2-5所示,利用类似双杠等物品进行练习。站立在两杠之间,双手分别握住一根杠杆准备。向上跳,双手握杆成支撑动作,身体自然下垂。双脚统一前后微微摆动 5 秒～10 秒,返回准备动作。动作重复 12～15 次为佳。

图 11-2-5

第三节 "驼背"的矫正方法

一、"驼背"的概念

"驼背",又称"弓背"、"圆背",是一种较为常见的脊柱变形,是胸椎后突所引起的形态改变。"驼背"不仅会对形体美造成很大的影响,而且会影响乳房及心肺的正常发育,从而进一步成为产生某些腰背疾病的潜在因素。

二、造成"驼背"的原因

"驼背"的形成有先天因素和后天因素两方面原因。后天因素多数是低头、窝胸等不良姿势使背部肌肉薄弱、松弛无力,久而久之,形成习惯造成"驼背"。此外,骨质疏松也会造成驼背。

三、矫正"驼背"的基本方法

(一) 利用自身条件进行矫正

练习一 仰撑挺胸

方法:如图 11-3-1 所示,平躺挺胸,双手侧平举,双脚并拢做准备动作。头朝后卷同时挺胸至最大限度,头顶点地,两臂伸直放松扶地,控制 5 秒左右返回到准备位置。动作重复 10～15 次为佳。

图 11-3-1

练习二 后振扩胸

方法:如图 11-3-2 所示,直立,两臂在胸部前方弯曲交叉做准备动作。双手手肘带动两臂向后扩胸,手肘找手肘,胸部尽量朝前挺。返回到准备位置。动作重复 20～25 次为佳。

第十一章　身体发展不平衡及形态畸形的矫正方法

图11-3-2

练习三　两头翘

方法：如图11-3-3所示，俯卧，双手前伸，双脚并拢做准备动作。左手、右脚同时上提离地15°以上，控制3秒左右，返回准备动作；换反方向，同上；双手双脚同时上提离地15°以上，控制5秒左右，返回准备动作。动作重复15～20次为佳。

图11-3-3

练习四　半蹲挺胸

方法：如图11-3-4所示，直立，双手叉腰准备。微微屈膝，两肘后展，挺胸抬头至最大限度，控制3秒左右，返回准备动作。注意，胸部尽量大幅度向前倾，收腹。动作重复20～25次为佳。

图11-3-4

（二）利用物体进行矫正

练习一　前压练习

方法：如图11-3-5所示，面对墙壁等物体进行练习。双手上举扶墙，两脚并立或开立，离开墙约一臂长的距离准备。挺胸、抬头，用胸去靠墙，臀部翘起，塌腰。控制5秒左右，返回准备动作。动作重复10～15次为佳。

练习二　环动练习

方法：如图11-3-6所示，利用类似毛巾等物体进行练习。双手伸直，在体前握住毛巾的两端（双手间距可根据个人承受力进行调整）做准备动作。双手保持平行由体前尽力朝体后环动,同时挺胸。在极限位置控制3秒左右,返回准备动作;反方向环动同上。动作重复15~20次为佳。

图 11—3—5

图 11—3—6

练习三　扩胸练习

方法:利用门框进行练习。两臂侧举,分别靠在两侧门框上,两脚并拢;重心前移,胸向前顶伸至最大限度,控制3秒~5秒,返回准备动作。注意,要适当控制动作的速度和力量,不要用力过猛。动作重复15~20次为佳。

练习四　靠墙站立练习

方法:如图11—3—7所示,利用类似墙壁等物体进行练习。背靠墙壁站立,头、双肩、臀部、小腿肚和脚跟紧靠墙面。站立时间一般根据自身的体力,为15分钟~20分钟,可反复2~3次。

图 11—3—7

第四节　"鸡胸"的矫正方法

一、"鸡胸"的概念

"鸡胸"是一种常见的胸廓畸形,是指胸骨向前明显突出,胸前壁呈楔状凸起,状如禽类的胸骨。外观显示胸肌的纵面呈弓形,两侧的4~8肋软骨呈与胸骨平行的深凹陷沟状,使突出的部分更加明显,就像是一只巨手将胸骨抓起而将两侧肋软骨压瘪了一样。它不仅影响美观,还会妨碍人体呼吸和循环功能。

一般轻度的胸廓畸形对人体的生理功能影响不大,主要应采取预防措施,如服用维生素D、增强体育锻炼等,以防止其继续发展。对严重的畸形,则应给予外科手术治疗。

二、造成"鸡胸"的原因

造成"鸡胸"的原因大致可分为:

① 先天发育异常。胸骨和脊椎骨、肋骨的发育不平衡,造成了胸廓的畸形。
② 婴幼儿时期营养不良,如孕妇体内缺钙或患有某些营养不良的疾病。
③ 胸腔内疾病,如先天性心脏病、扁平胸等。
④ 日常不良习惯等原因。

三、矫正"鸡胸"的基本方法

(一)利用自身条件进行矫正

练习一　前滚翻

方法：如图11—4—1所示，并腿下蹲，两手撑地，屈臂低头做准备动作。头顶点地，重心前移，两脚蹬地，同时提臀、收腹，小腿紧靠大腿，团紧身体后往前翻滚。注意：枕骨、肩、背、臀部各部位依次触垫，滚动圆滑。动作重复15～20次为佳。

图11—4—1

练习二　抱吸腿

方法：躺在地上，背向下做准备动作。将左脚伸直，右腿屈膝，膝盖贴近胸口，足踝贴近骨盆。双手环抱右腿，身体微微上抬，控制30秒左右。每只腿重复练习2～3次为佳。

练习三　俯卧撑

方法：身体成俯卧姿势，两臂伸直与地面垂直支撑身体，两手距离与肩同宽，收腹紧腰，两腿并拢伸直，脚尖撑地，全身挺直。屈臂，使身体下落，两肘自然向外张开，屈臂到最低位（上臂与前臂夹角小于90°）时，胸大肌应得到充分拉长。收缩胸大肌，伸两臂，直至撑直还原。重复练习15～20次为佳。练习时，可使用支撑架，以便将胸大肌拉得更长。始终保持身体挺直姿势，不沉肩、不塌腰、不撅臀，尽量撑起身体。

(二)利用物体进行矫正

练习一　推墙

方法：如图11—4—2所示，利用类似墙壁等物品进行练习。面朝墙站立，右手放在墙上做准备。将力量放在肩膊位置，用手紧推墙，集中伸展右胸肌，控制10秒左右，这些肌肉组织平日极少有机会活动。左手将动作重复。每只手重复练习5～10次为佳。

练习二　正反C

方法：如图11—4—3所示，利用类似哑铃等重物进行练习。盘腿坐地，两手紧握哑铃平举做准备动作。双手慢慢往前平移并拢，腰椎向后平移，埋头头顶找肚脐。控制5秒左右，返回准备动作。动作重复20～25次为佳。

图11—4—2

图11—4—3

第五节 "脊柱侧弯"的矫正方法

一、"脊柱侧弯"的概念

"脊柱侧弯"是指脊柱向左或向右发生弯曲,超过正常范围。常发生于颈椎、胸椎、腰背部或胸部与腰部之间的脊椎,是青少年发育期(以女性居多)比较常见的一种脊柱畸形。初期表现为两肩不等高或腰凹不对称;后期表现为脊柱向一侧弯曲,呈C形或向双侧弯曲,呈S形。

二、造成"脊柱侧弯"的原因

迄今为止,"脊柱侧弯"发病的原因仍不十分清楚,不过大致可分三种情况:①先天遗传;②人体代谢异常;③日常生活习惯不良等。由于现在学生身体活动量普遍不足,肌力缺乏锻炼,再加上坐、站、走、背包等姿势不正确,容易造成"脊柱侧弯"。

三、检查"脊柱侧弯"的基本方法

(1) 测量双肩的高度是否相同。
(2) 测量双肩胛骨高度与位置是否对称。
(3) 测量腰线是否水平。
(4) 测量向前弯腰时,腰背部的左右高度是否一致。

四、矫正"脊柱侧弯"的基本方法

(一) 利用自身条件进行矫正

练习一　踢腿

方法:如图11-5-1所示,侧卧(向脊柱侧弯方向),两臂屈臂撑地,外侧腿用力向肩侧方踢腿至最大限度,还原。重复练习20~30次为佳。要求踢腿时身体要正,踢腿幅度要大。

练习二　小狗延伸式

方法:如图11-5-2所示,跪坐在垫子上,手扶地慢慢向前移动,臀部向脚后跟方向移动,保持手臂的伸展,额头放在地板上,让颈部放松。保持下背部微微弯曲,感觉脊柱在延长,手向下用力伸展手臂。此时,保持臀部向脚跟的方向用力,吸气,感受气体进入你的背部,再次感觉脊柱的伸展,控制5秒左右。动作重复15~20次为佳。

练习三　摇摆式

方法:如图11-5-3所示,一脚前一脚后弓箭步准备。抬起两臂与肩同高,收紧大腿肌肉,伸直两腿,但不要锁定膝关节;向右(脊柱侧弯反方向)弯曲上体,右手放在左小腿胫骨上,左臂向上,控制5秒左右返回准备动作。动作重复15~20次为佳。

第十一章　身体发展不平衡及形态畸形的矫正方法

图 11-5-1　　　　　　图 11-5-2　　　　　　图 11-5-3

（二）利用物体进行矫正

练习一　椅上旋转

方法：如图 11-5-4 所示，利用椅子进行练习。侧坐，右侧身体朝向椅背，将双手放于椅背上，双腿及髋部保持不动；吸气，伸展脊柱。呼气，双手臂用力，将身体向右后侧转动，从肚脐的部位开始扭转，依次是肋骨及头部。当扭转时，应让肩胛骨下缘向内挤压，向脊柱正中的方向施力。控制 5 秒左右，返回准备动作。动作重复 15～20 次为佳。反方向练习同上。

练习二　哑铃侧弯腰

方法：如图 11-5-5 所示，利用类似哑铃等重物进行练习。两腿开立同肩宽，侧弯异侧的手臂握住哑铃自然下垂，另一侧手臂肩侧屈抱头准备。上体向握哑铃的一侧弯曲，尽力延伸。控制 3 秒～5 秒，返回准备动作。动作重复 15～20 次为佳。反方向练习同上。

图 11-5-4　　　　　　　　　　图 11-5-5

练习三　双人互拉法

方法：如图 11-5-6 所示，主要是借用两个人的相互拉力来进行矫正。两人面对面坐下，分别并拢双腿做准备动作。脚掌对脚掌，身体慢慢向前屈，手拉手。控制 5 秒～10 秒，返回准备动作。动作重复 10～15 次为佳。

图 11-5-6

第六节　O型腿的矫正方法

一、O型腿的概念

O型腿是佝偻病的症状之一,又称"罗圈腿"。在正步站好,两足内踝部靠拢,双腿笔直站立时,如果双膝有缝隙,并且相距 1.5~2 厘米以上的,称为 O 型腿。

二、造成O型腿的原因

O型腿的形成大致有三种原因:①在幼儿时期站立过早、行走时间过长,导致双下肢长期负重,双下肢骨向外弯曲。②缺乏维生素 D 和钙。维生素 D 缺乏后造成钙、磷代谢紊乱,钙的吸收障碍,出现骨质软化。③长期行走姿势不正确。O 型腿一旦形成,对一个人的站姿、走姿及形体都会有不同程度的影响,应及早发现,及时矫正。

三、矫正O型腿的基本方法

(一)扣膝练习

练习一　向内双扣

方法:如图 11－6－1 所示,两脚平行站立与肩宽,两臂自然下垂做准备动作。两腿微微弯曲下蹲,身体前倾,两手扶膝盖外侧。双手用力向内侧推压膝关节,使双膝关节内扣并拢,控制 5 秒左右。整个练习重复 5~10 次为佳。

练习二　单膝内扣

方法:如图 11－6－2 所示,两脚平行站立与肩宽,双手叉腰做准备动作。左腿伸直,右腿屈膝内扣,右腿膝盖朝向左侧,身体同时左转。控制 5 秒左右。整个练习重复 5~10 次为佳。

图 11－6－1

图 11－6－2

(二)跪坐练习

方法:如图 11－6－3,图 11－6－4 所示,跪立,两膝并拢,两小腿分开,双手叉腰。臀部慢慢向下压,用上体的重量压迫两腿慢慢向下扣膝至跪坐,控制 5 秒左右。整个练习重复 5~10 次为佳。

第十一章 身体发展不平衡及形态畸形的矫正方法

图 11—6—3

图 11—6—4

（三）捆绑练习

练习一　下蹲

方法：双脚正步并拢，用绳带将膝盖关节捆绑住（松紧度根据个人承受力而定），双手叉腰做准备动作。连续做屈膝下蹲动作，每次下蹲需至极限，速度快慢均可。整个练习重复 10～20 次为佳。

练习二　跳跃

方法：准备动作同上。两腿微微弯曲，蹬地向上跳跃的同时迅速伸直双腿；落地时，前脚掌先着地，至两脚屈膝下蹲。整个练习重复 20～30 次为佳。动作速度可逐渐加快。注意，每次落地都要屈膝缓冲，切不可直膝落地，否则会造成运动损伤。

（四）膝盖夹物练习

练习一　坐姿夹物

方法：如图 11—6—5 所示，坐在椅子或者板凳上，双手放于身后抓住椅子，两腿并拢屈膝成 90°，将物品紧紧夹在两膝间。两腿夹物屈膝向上提，靠近胸部，同时两脚掌向两侧尽量分开。整个练习重复 20～25 次为佳。训练过程中，所夹物品可先厚再薄。

练习二　夹物下蹲

方法：如图 11—6—6 所示，正步站立，将物品放在两膝之间，两膝把物品夹紧，身体前屈，双手扶两腿膝盖外侧。屈膝缓缓下蹲，两手适当用力向内挤压，使双膝紧闭，所夹之物不掉落，控制 5 秒左右后起立。整个练习重复 10～20 次为佳。

图 11—6—5

图 11—6—6

第七节　X型腿的矫正方法

一、X型腿的概念

X型腿又称"剪刀腿",是股骨内收、内旋,两膝能并拢,而胫骨外展、外旋,两脚并不拢的一种骨关节异常和腿部形态异常的现象,是佝偻病的症状之一。当正步站立时,两膝并拢,两足足跟并不拢的间隔距离为1.5厘米以上,走路出现两膝"打架"互碰步态的均为X型腿。

二、造成X型腿的原因

X型腿的形成原因与O型腿基本相同。只有很少一部分人的X型腿是由小时候缺钙引起的。而大多数人的X型腿是由长期姿势不良或用力不当引起的。有些人早期是内八字,也就是股骨内旋。自行调整后的结果是大腿的内旋没有纠正,又出现了小腿的相对外旋,内八字就变成了X型腿。

三、矫正X型腿的基本方法

(一)双膝外展

练习一　正坐压膝

方法:如图11—7—1所示,正坐,两脚掌掌心相对,两膝外展,两手分别扶膝关节内侧。身体微前倾,同时双手轻轻下压膝盖,不可太快、太猛。注意,脚掌不要分开,膝盖压到不能再压时,保持一段时间,放开还原。整个练习重复15~20次为佳。

练习二　俯跪双膝外展

方法:如图11—7—2所示,俯跪,两臂弯曲,用前半臂在体前支撑做准备。两膝分别向外侧横移,尽量分开。两脚脚掌相对,尽量贴近地面。到最大限度后,控制5秒,还原到准备动作。整个练习重复10~15次为佳。

图11—7—1

图11—7—2

(二)单膝外展

练习一　踢毽子

方法:直立,手持毽子。用脚的内侧连续踢毽子,或交替踢毽子。脚向上踢起时,膝盖用力向外侧下压。整个练习重复15~25次,重复次数可根据水平提高而增加(在无实物的情况下,还可模仿踢毽子的动作进行练习)。

练习二　按压膝盖

方法:如图11—7—3所示,坐在椅子或凳子上,右脚屈膝把小腿放在左大腿上,左手扶住右脚踝,右手放在右膝盖上。右手用力将右膝向下按压,按压至最大限度,控制5秒左右,然后慢慢放松两手还原。异侧腿同样。整个练习重复10~15次为佳,单次控制时间可根据水平提高而延长。

(三)夹物延伸

方法:如图11-7-4所示,坐在椅子的前1/3处,双手放于身后抓住椅子,两腿并拢屈膝成90°,脚踝夹紧软物。用足带动腿沿地面尽量向前延伸,控制5秒左右还原。整个练习重复10~15次为佳。

图11-7-3

图11-7-4

(四)捆绑练习

练习一 抬腿控制

方法:如图11-7-5,图11-7-6所示,坐在椅子的前1/3处,双手放于身后抓住椅子,两腿并拢屈膝成90°,两脚踝处用绳带捆紧(松紧度根据个人承受力而定)。两膝尽量向上提起,控制3秒左右,再慢慢向前伸直双腿,绷脚尖。脚尖离地面距离越远越好,两脚踝尽力夹紧。整个练习重复10~15次为佳。

图11-7-5

图11-7-6

练习二 按摩捆绑

方法:白天按摩推拿两小腿内侧肌肉,并将足内翻、内收,内旋,每回20~30次,每天两次;夜间睡觉时,将两下肢用绳带绑在一起或用小夹板固定。

第八节 Y型腿的矫正方法

一、Y型腿的概念和形成原因

Y型腿是佝偻病的症状之一,是胫骨内收、内旋,而股骨外展、外旋,两腿膝盖以上并不拢的一种骨关节异常和腿部形态异常的现象。当正步站立时,两膝和足跟并拢,大腿内侧并不拢的间隔距离为1.5厘米以上的均为Y型腿。

Y型腿形成原因与O型腿、X型腿基本相同,只是外形稍有区别。形成Y型腿的主要原因也是幼儿过早行立,导致下肢过早负重,骨质软化和长期保持不良姿势所造成的。

二、矫正Y型腿的基本方法

(一)利用自身条件进行矫正

练习一　十字交叉踢腿

方法:如图11—8—1所示,平躺,双手侧平举,双脚并拢绷脚尖准备。右脚脚尖发力,朝左肩方向踢腿,当腿踢到极限的时候控制5秒左右,双手(单手)握住右脚,辅助其朝左交叉;收回右腿,返回准备动作。反向练习同上。两腿练习各重复15～20次为佳。训练过程中,所夹物品可先厚再薄。

练习二　单腿半蹲

方法:如图11—8—2所示,正步站立,双手叉腰准备。屈膝半蹲,将重心移至左脚;右脚离地前交叉。两膝和大腿夹紧,右小腿可轻靠左小腿。腿部姿态类似翘二郎腿,控制5秒左右返回准备动作。反向练习同上,两腿各重复15～20次为佳。

图11—8—1

图11—8—2

(二)利用物体进行矫正

练习一　夹书

方法:如图11—8—3所示,利用类似书本等物品进行练习。正步站立,将书放在两股之间,大腿内侧把书夹紧;身体可微微前倾,两手适当用力向内挤压,使大腿紧闭,所夹之物不掉落,控制5秒左右后起立。整个练习重复10～20次为佳。

练习二　寸步难行

方法:利用类似绳带等物品进行练习。双脚正步并拢,用绳带将大腿捆绑住(松紧度根据个人承受力而定),双手叉腰做准备动作。迈步向前走,尽力并拢大腿,速度快慢均可。整个练习重复10～20次为佳。

图11—8—3

第十一章 身体发展不平衡及形态畸形的矫正方法

第九节 "扁平足"的矫正方法

一、"扁平足"的概念

"扁平足"俗称"鸭蹄"、"平板脚"等,指在站立的时候足部内侧没有足弓,而足底贴地。正常足跟与足背借韧带与关节形成足弓,使足有较好弹性,能够缓冲外力的冲击和震荡,还对大脑、内脏和行走时足底的神经起到保护作用。正因如此,人类才能自如的飞跑、跳跃、长途跋涉及做高难度的技巧动作,如舞蹈、体操、田径运动等。"扁平足"在长途行走、奔跑时易疲劳,其速度、耐力及爆发力都不如正常足。足跟常时间着地也可压迫足底神经,容易产生足麻、足痛,不易减少外力对脊柱及大脑、内脏的冲击,甚至造成脏器的损害,影响正常的发育,更难以胜任运动员、军人、飞行员等职业。

二、造成"扁平足"的原因

"扁平足"大部分是由遗传、先天结构发育不良或后天足部肌肉、韧带损伤,如肌腱损伤、小腿肌群麻痹、萎缩等原因造成,这些因素使维持足弓的力量削弱,引起的足弓变形或者消失而形成扁平足。

三、矫正"扁平足"的基本方法

(一) 利用自身条件进行矫正

练习一　芭蕾舞立半脚尖

方法:如图11—9—1所示,像芭蕾舞者一样,直立,双手叉腰准备。先慢慢提起脚后跟,尽量提高,脚趾尖紧抓地面。保持身体重心,控制5秒,再慢慢恢复到准备位置。整个练习重复15～20次为佳。

练习二　勾脚压腿

方法:如图11—9—2所示,正步直立,双手自然下垂准备。右脚勾脚,用脚后跟前点地;左脚屈膝,身体前倾,双手抓脚掌。尽力使头顶靠近右脚脚趾尖,控制5秒左右,返回准备动作。反向动作同上。整个练习重复10～15次为佳。

图 11—9—1

图 11—9—2

练习三　模拟鳄鱼

方法：如图 11—9—3 所示，俯卧在地上，手臂弯曲撑在身体两侧，腿部保持平直，勾脚尖做准备动作。上半身微微抬起，头部平视向前。以足尖、手掌和腹部为支点（根据个人的承受能力，腹部可以离地），形如拖着长长尾巴的鳄鱼。控制 3 秒左右，返回准备动作。整个练习重复 10～15 次为佳。

图 11—9—3

（二）利用物体进行矫正

练习一　跳绳

方法：利用跳绳进行练习。直立，双手分别持绳两端，单脚、双脚跳绳皆可。保持身体重心，尽量使用半脚尖跳跃，注意膝盖缓冲。每次跳 30～50 次为佳。

练习二　抓趾

方法：利用类似毛巾、小毯子等物品进行练习。将准备好的物品放在地板上，用脚趾去抓取。根据个人的练习情况，物品可更换为更不易抓取的物品，从而增加难度。每次练习 10 分钟左右为佳。

练习三　踩压踏板

方法：利用类似踏板等能反弹的物品进行练习。将准备好的两个踏板放在地板上，将双脚脚后跟踩压在踏板上做准备。重心移至左脚，右脚屈膝半脚尖点地，控制 3 秒左右；再右脚踩压踏板，左脚屈膝半脚尖点地，控制 3 秒左右。整个练习重复 20～25 次为佳。

第十节　"大腿过粗"的矫正方法

一、造成"大腿过粗"的原因

"大腿过粗"大大影响人们的体型美和体态美，造成"大腿过粗"的原因大致可分为：①家族遗传，家族里大部分成员腿部粗大；②饮食习惯，食用含脂肪食物太多，而脂肪积聚在臀部和大腿；③缺乏运动或运动不当、过量，如较常时间做屈腿负重动作，类似举重和短跑，这些都会使大腿变粗。

二、矫正"大腿过粗"的基本方法

（一）利用自身条件进行矫正

练习一　半球环动

方法：如图 11—10—1 所示，并脚平躺，双手平放身体两侧准备。绷脚脚尖发力将双腿慢慢抬起离地，脚趾间朝天花板；左右脚分别朝同侧方向尽力分开，脚尖离地面越近越好；双脚并拢，同时落地，返回到准备动作。本次动作控制在 20 秒左右，整个练习重复 12～15 次为佳。注意，练习过程中自始至终脚尖应尽量代替大腿发力，动作保持流畅，不可在离地时停顿、控制不动。

练习二　错步小跳

方法：立正姿势，两手插腰准备。将右脚向前跨一步，弯曲膝盖，左脚后侧伸直；跳起的同时左右脚互换（此时注意背部要挺直）。刚开始做的时候以 10 秒做 10 次为目标，习惯后再加快速度。整个练习重复 20～30 次为佳。

练习三　芭蕾舞擦地

方法：如图 11-10-2 所示，芭蕾一位脚或五位脚，双手插腰准备。动作腿交替进行前、旁、后方向的擦地练习各数次。注意，胯骨提高，双腿外旋，动作腿绷脚尖无限延伸。两腿交替练习。

图 11-10-1

图 11-10-2

（二）利用物体进行矫正

练习一　舞动彩带

方法：如图 11-10-3 所示，利用类似彩带等物品进行练习。将彩带捆绑在右脚脚尖，并脚平躺准备；脚尖发力，快速离地正踢腿，将彩带舞动起来，快速收腿回准备动作，再次舞动彩带。两腿交替各练习 15～20 次。

练习二　勾脚外旋

方法：如图 11-10-4 所示，利用类似墙壁等物品进行练习。准备时，背靠墙坐地，两腿向前伸直，勾起双脚；将一腿外旋到最大极限抬起 25°，力求脚掌形成水平线与两肩平行；以脚趾带动绕至旁侧，保持脚趾头对后方；最后脚跟着地，保持外旋状态收回准备位置。整个练习重复 12～15 次为佳，外旋能力强了，内侧肌脂肪会明显减少。

图 11-10-3

图 11-10-4

第十一节 "扁平胸"的矫正方法

一、"扁平胸"的概念

"扁平胸"是一种胸廓呈扁平状的形态。正常人的胸廓横径纵径比为1.5∶1,而"扁平胸"比的纵径大于2,其前后径不及左右径的一半。"扁平胸"常见于瘦弱或个高的人,而一些有严重消耗性疾病的患者和身体极差的人,也可见"扁平胸"。

当代人越来越注重个人形象的塑造,特别为"扁平胸"苦恼。因为"扁平胸"给人的印象一是不美观,二是不健康。其实"扁平胸"并不是什么大病,只要加强营养,平衡膳食,坚持锻炼,扁平的胸部一定会变成丰满、挺拔、曲线优美的胸部。

二、造成"扁平胸"的原因

"扁平胸"的产生原因有三种,一是乳房先天性双侧或单侧发育不良。另一种是青春期营养摄取不足,导致胸部得不到足够的营养,造成胸部扁平。还有一种是哺乳后乳房萎缩、松垂或者进行了乳腺癌、乳腺切除手术等类似疾病的治疗。

三、矫正"扁平胸"的基本方法

(一)利用自身条件进行矫正

练习一 推手美胸

方法:如图11-11-1所示,盘腿坐下准备。将双臂抬起与肩同高,两手掌心向着掌心紧贴,双手合十,犹如祈祷。两手掌心稍使力向内互推,控制10秒左右,直到手臂、手肘微酸为止。整个练习重复20~25次为佳。

练习二 拉臂美胸

方法:如图11-11-2所示,盘腿坐下,挺胸、缩小腹,将双手伸直举高,高过头顶准备;将右手肘微弯后,由左手稍用力一拉将右手往背后带下,控制5秒左右;双手再伸直上举,左右手交替,也就是左手肘微弯,由右手稍用力一拉将左手往背后带下。整个练习左右交替,重复20~25次为佳。

练习三 伸展美胸

方法:如图11-11-3所示,跪坐在脚后跟上,保持腰部和胸部尽量挺拔;将双手紧扣放在头后,用力向后扩展肘部,直到将肩、胸向前舒展到最大。控制数秒,深呼吸3次,放松回到准备动作。整个练习重复15~20次为佳。

图11-11-1

图11-11-2

图11-11-3

(二)利用物体进行矫正

练习一　合并环举

方法:如图11-11-4所示,利用类似哑铃等重物进行训练。仰卧地上,屈双膝,脚掌平放地面,双手侧平放做准备。双手分别握哑铃,将双臂向上提伸到胸前上方,掌心相对;手肘微曲,吸气,手臂慢慢向左右两侧降下,直至手肘接近地面为止,呼气。整个练习重复12~15次为佳。

练习二　V字挤压

方法:如图11-11-5所示,利用两本厚度相同的书(不宜太厚)进行训练。直立,双手各拿一本书做准备;吸气,同时弯曲胳膊肘,将双肘往身体两侧张开;呼气,同时胸部用力,将胳膊肘回收到胸前,离身体越远越好。此时两手肘在胸前相碰,两手掌分开,两个小臂呈V字形。控制5秒左右,返回准备动作。整个练习重复12~15次为佳。

图11-11-4

图11-11-5

第十二节　"一臂粗,一臂细"的矫正方法

一、"一臂粗,一臂细"的原因

在日常生活中,人们习惯使用一侧手,左右手臂的粗细稍有区别属正常情况。造成两手臂粗细区别明显的原因,通常是由过量使用单手进行运动而产生的,如长期打羽毛球、网球、乒乓球、保龄球等。所以,只要坚持进行矫正练习,注意均衡两臂的发展,"一臂粗,一臂细"的现象一定能够有明显的改变。

二、矫正"一臂粗,一臂细"的基本方法

(一)利用自身条件进行矫正

练习一　画圆(纠正细臂)

方法:如图11-12-1所示,细臂一侧手向前伸直,另一侧手叉腰,两脚站立与肩同宽准备。将细臂一侧手画圆,向外画圆20次,再向内画圆20次,大约5秒画一次。圆不用画得太大,用手臂的力量,而不是手掌。

练习二　俯卧撑(纠正细臂)

方法:俯卧,双手撑地准备。将手部重心移至较细臂一侧,做俯卧撑。根据个人承受能力,可直接做单手俯卧撑,另一只手叉腰即可。整个练习重复15~25次为佳。

练习三　摆手(纠正粗臂)

方法：粗臂一侧手放松自然下垂，另一侧手叉腰，两脚站立与肩同宽准备。将粗臂一侧手快速向前、向后反复摆动，前后摆动幅度大约各45°，约1秒摆动一次。注意，摆动时指尖发力，大臂放松下沉。

练习四　汤匙拉臂（纠正粗臂）

方法：跪坐，双手伸直上举准备。将粗臂一侧手弯曲，抓住细臂一侧手手肘。细臂一侧手向逆时针方向绕环，最后尽量伸直手肘与肩平行。远看造型貌似汤匙，控制5秒左右返回准备动作。整个练习重复10~15次为佳。

图11—12—1

（二）利用物体进行矫正

练习一　单手哑铃（纠正细臂）

方法：如图11—12—2所示，利用类似哑铃等重物进行练习。细臂一侧手手握哑铃，另一侧手叉腰准备。握住哑铃的手向前伸直，之后向上举，贴紧耳朵控制3秒左右；反复屈臂、直臂，整个练习重复15~20次为佳。

练习二　模拟搓背（调整双臂）

方法：如图11—12—3所示，利用类似毛巾等物品进行练习。站立，双脚与肩同宽。右手握住毛巾向上伸直，手臂尽量接近头部，让毛巾垂在头后；从手肘部位向下弯曲，让毛巾垂在后腰部位；将左手从身后向上弯曲，也是从手肘部位，握住毛巾的另一端，两只手慢慢地向一起移动，直到右手握住左手；此时右手的手肘会刚好放在后脑勺处，注意不要低头，控制10秒左右返回准备动作。两手交替做，每手重复练习10~12次为佳。

图11—12—2

图11—12—3

第十三节　"一腿粗，一腿细"的矫正方法

一、造成"一腿粗，一腿细"的原因

一般人的两腿粗细稍有差异，属正常现象，如果存在严重差异，就应检查是否存在以下原因：①骨盆偏移导致脊柱力学平衡失调，引起人体左右体态不对称；②神经异常导致肌肉发育不良或肌肉萎缩；③双腿运动不合理，分布不均。

二、矫正"一腿粗,一腿细"的基本方法

(一)利用自身条件进行矫正

练习一　陆地青蛙泳

方法:俯卧准备。模拟青蛙游泳时的踢水动作,着重"细腿"一侧的练习。练习过程中,需要强力且大范围地使用腿部的力量,从而锻炼腿部肌肉,美化腿部曲线。每次练习3分钟~5分钟为佳。

练习二　脚部打击

方法:如图11—13—1所示,仰卧,双手侧平放,双脚脚后跟并拢,绷脚呈小八字,两腿外旋准备;双脚离地15°;将右脚在上、左脚在下重叠放置,再换至反面右脚下、左脚上重叠放置。快速反复交替五组,返回准备动作。每次练习3分钟~5分钟为佳。

图11—13—1

(二)利用物体进行矫正

练习一　单脚骑车

方法:利用类似脚踏车等物品进行练习。坐在车座上准备,用细腿单腿发力踩脚踏车。如果不想购置脚踏车,也可以躺在床上,做踩空中脚踏车的运动。每次练习3分钟~5分钟为佳。

练习二　单腿跳绳

方法:利用类似跳绳等物品进行练习。双手执绳端,粗的一侧腿吸腿,另一侧腿为动作腿准备。单腿跳绳,保持平衡。每次练习3分钟~5分钟为佳。

练习三　沙袋慢跑

方法:利用类似沙袋等重物进行练习。将沙袋捆绑至细腿一侧,慢走、慢跑10分钟以上。在沙地上进行练习效果更佳。

第十四节　"八字脚"的矫正方法

一、"八字脚"的概念

"八字脚",就是指两脚分开像"八"字。"八字脚"走路时,姿势不正,步态难看不稳,步子迈不开,给体力劳动和运动带来不便,也易使鞋走形变坏。

二、"八字脚"的分类

"八字脚"有内"八字脚"和外"八字脚"两种。外"八字脚"就是行走时,两只脚尖向外

分开,内"八字脚"则恰恰相反。

三、造成"八字脚"的原因

"八字脚"的形成有遗传因素和后天因素等原因。后天因素则主要是由过早学步、站立,过早穿皮鞋,体内缺钙和不良走姿等原因造成。

四、矫正"八字脚"的基本方法

(一)意识练习

练习一　日常训练

方法:在日常生活坐、立、行中,有意识地控制两腿,使腿脚并拢,脚尖和膝盖朝正前方。

练习二　直线走跑

方法:取一直线,两脚踩着直线行走或跑步。注意,膝盖和脚尖都要朝着正前方,每次迈步时,注意调整重心,使每一个脚步都能准确踩在直线上。如果在沙地、松土和湿地上练习,还可检查自己的脚印,有助于纠正练习。

(二)芭蕾舞脚位外展(纠正"内八字脚")

练习一　脚位开合

方法:如图11—14—1所示,正步站立,双手叉腰。右脚脚尖向外慢慢展开90°,再收回正步。换左脚脚尖向外慢慢展开90°,再收回正步。反复进行。双脚同时向外慢慢展开90°,再收回正步。反复进行。

练习二　芭蕾舞一位脚

方法:如图11—14—2所示,双手(单手)扶把杆或其他支撑物站立。两脚脚后跟对齐并拢,两脚脚尖尽力向外分开,朝两耳方向,最好能够达到芭蕾舞一位脚。控制时间则根据练习者的自身情况而定,可由5秒慢慢增加到1分钟~2分钟。

图11—14—1

图11—14—2

练习三　芭蕾舞二位脚

方法:如图11—14—3所示,双手(单手)扶把杆或其他支撑物站立。两脚在芭蕾舞一位脚基础上,左右分开约一脚距离。两脚脚尖尽力向外分开,朝两耳方向,最好能够达到芭蕾舞二位脚。控制时间则根据练习者的自身情况而定,可由5秒慢慢增加到1分钟~2分钟。

第十一章　身体发展不平衡及形态畸形的矫正方法

（三）脚跟外展（纠正"外八字脚"）

方法：如图 11—14—4 所示正步站立，双手叉腰。右脚脚跟向外慢慢展开 90°，再收回正步。换左脚脚跟向外慢慢展开 90°，再收回正步。反复进行。双脚同时向外慢慢展开 90°，再收回正步。反复进行。

图 11—14—3

图 11—14—4

（四）踢毽子（纠正"内、外八字脚"）

方法：用脚背内侧连续向上踢毽子，两脚交换进行，可纠"正外八字脚"。相反用脚背外侧连续向上踢毽子，可纠"正内八字脚"。

学 法 指 导

（1）学习要点：造成身体发展不平衡或者畸形的原因；矫正的方法。

（2）延伸学习：预防身体发展不平衡或者畸形；生活中时刻注意保持正确姿态。

思考与练习

（1）除了教材中介绍的基本动作外，你还知道哪些可以矫正身体畸形或者是身体发展不平衡的方法？

（2）"一肩高，一肩低"与脊柱侧弯之间存在什么样的关系？

（3）成年人怎样预防身体畸形？

参 考 文 献

[1] 张岚. 形体训练. 北京:旅游教育出版社,2004.
[2] 王文刚. 运动处方. 广东:广东人民出版社,2005.
[3] 大河原久典. 塑造形体锻炼法. 陆薇薇,徐翠,译. 南京:江苏科学技术出版社,2003.
[4] 刘令姝. 30天炫出体线. 北京:农村读物出版社,2005.
[5] 张燕. 形体健美. 合肥:合肥工业大学出版社,2004.
[6] 韦恩·威伦. 教你练肌肉. 李筱青,译. 长沙:湖南科学技术出版社,2005.
[7] 德拉威尔. 肌肉健美训练图解. 李振华,等译. 山东:山东科学技术出版社,2006.
[8] 万里,谢英彪. 运动健身宜与忌. 北京:人民军医出版社,2007.
[9] 杨斌. 形体训练纲论. 北京:北京体育大学出版社,2003.
[10] 杨斌,龚莹莹,唐吉平,等. 健身美体设计. 长沙:湖南人民出版社,2008.
[11] 相建华,杨润琴,尹军玉. 初级健美训练教程. 北京:人民体育出版社,2003.
[12] 洪涛. 空乘人员形体及体能训练. 北京:旅游教育出版社,2007.
[13] 夏思永. 形体训练. 重庆:西南师范大学出版社,2005.
[14] 张英波. 运动健身全攻略. 北京:北京体育大学出版社,2006.
[15] 王洪. 健美操教程. 北京:人民体育出版社,2001.
[16] 向智星. 形体训练. 北京:高等教育出版社,2004.
[17] 上海市卫生局VII项目办公室,等. 社区健身处方. 上海:上海科技出版社,2004.
[18] 常蕙. 形体训练. 北京:高等教育出版社,2002.
[19] 宋雯. 瑜伽美人操. 南京:江苏科学技术出版社,2008.
[20] 黄宽柔,姜桂萍. 健美操与体育舞蹈. 北京:高等教育出版社,2006.
[21] 范京广,刘洋. 模特瑜伽塑型——形体强化训练. 北京:北京体育大学出版社,2004.
[22] 山田阳子. 矫正身姿美体教程. 张军,译. 北京:中国画报出版社,2005.